信息技术
学业水平考试综合模拟测验

 WPS 2019　　 python

主　编　黄培忠

华东师范大学出版社
·上海·

图书在版编目(CIP)数据

信息技术学业水平考试综合模拟测验/黄培忠主编. ——上海：华东师范大学出版社，2022
ISBN 978-7-5760-2445-6

Ⅰ.①信… Ⅱ.①黄… Ⅲ.①计算机课-中等专业学校-教学参考资料 Ⅳ.①G634.673

中国版本图书馆 CIP 数据核字(2022)第 020074 号

信息技术学业水平考试综合模拟测验

主　编　黄培忠
责任编辑　蒋梦婷
责任校对　陈丽贞
装帧设计　庄玉侠

出版发行　华东师范大学出版社
社　　址　上海市中山北路 3663 号　邮编 200062
网　　址　www.ecnupress.com.cn
电　　话　021-60821666　行政传真 021-62572105
客服电话　021-62865537　门市(邮购)电话 021-62869887
地　　址　上海市中山北路 3663 号华东师范大学校内先锋路口
网　　店　http://hdsdcbs.tmall.com

印 刷 者　杭州日报报业集团盛元印务有限公司
开　　本　787×1092　16 开
印　　张　5.5
字　　数　136 千字
版　　次　2022 年 8 月第 1 版
印　　次　2022 年 8 月第 1 次
书　　号　ISBN 978-7-5760-2445-6
定　　价　25.00 元

出 版 人　王　焰

(如发现本版图书有印订质量问题,请寄回本社客服中心调换或电话 021-62865537 联系)

编写委员会

主　编：黄培忠
副主编：黄永安　王　林　廖甫明　林宗朝　余国玲　张伟宏　罗国敏
　　　　许彦斐　尤辉亮　钟泉泳　戴建国　邓　萍　李　光　姜金林
编　委：李燕平　许碧黎　李晓亮　张燕琴　王鹏飞　黄德要　王冰玉
　　　　黄廷梅　林海群　武　月　何瑞发　卢荣先　陈晓彬　林长章
　　　　林晨鹏　林　洁　林国卿　颜伟民　魏明建　王冰玉

目 录

单项选择题综合训练 1
    单项选择题综合训练(一) 1
    单项选择题综合训练(二) 5
    单项选择题综合训练(三) 9
    单项选择题综合训练(四) 13
    单项选择题综合训练(五) 17
    单项选择题综合训练(六) 21
    单项选择题综合训练(七) 25
    单项选择题综合训练(八) 29
    单项选择题综合训练(九) 33
    单项选择题综合训练(十) 37

综合模拟测验 41
    综合模拟测验(一) 41
    综合模拟测验(二) 45
    综合模拟测验(三) 49
    综合模拟测验(四) 52
    综合模拟测验(五) 56
    综合模拟测验(六) 59
    综合模拟测验(七) 63
    综合模拟测验(八) 67
    综合模拟测验(九) 71
    综合模拟测验(十) 75

参考答案 78

单项选择题综合训练

单项选择题综合训练（一）

1. 计算机内存储器比外存储器（   ）。
   A．读写速度快　　　B．信息不丢失　　　C．存储容量大　　　D．可靠性高
2. 因特网属于（   ）。
   A．LAN　　　　　　B．WAN　　　　　　C．MAN　　　　　　D．CAN
3. 上网时在地址栏上输入的网址：http://www.baidu.com，我们把它称为（   ）。
   A．主机地址　　　　B．URL　　　　　　C．IP 地址　　　　　D．网络地址
4. 计算机中表示信息的最小单位和基本单位分别是（   ）。
   A．位和字节　　　　B．字和字长　　　　C．B 和 KB　　　　　D．MB 和 GB
5. 下列都属于数字图像采集工具的是（   ）。
   A．扫描仪、投影仪　　　　　　　　　　B．数码相机、键盘
   C．摄像机、打印机　　　　　　　　　　D．扫描仪、数码相机
6. 若要在计算机中输入"我是好学生"，下列可实现的设备是（   ）。
   A．手写板　　　　　B．音箱　　　　　　C．绘图仪　　　　　D．投影仪
7. 下列属于音频文件的是（   ）。
   A．新歌声.avi　　　B．新歌声.mp4　　　C．新歌声.wma　　　D．新歌声.pptx
8. 微型计算机的性能主要取决于（   ）。
   A．硬盘容量大小　　B．CPU 的性能　　　C．内存容量大小　　D．硬件数量
9. 进入信息系统时要求输入用户名和口令，这种信息安全措施属于（   ）。
   A．加密技术　　　　　　　　　　　　　B．安全审计技术
   C．安全监控技术　　　　　　　　　　　D．身份认证技术
10. 在互联网上，区别不同计算机的标识是（   ）。
    A．计算机名　　　　B．域名　　　　　　C．IP 地址　　　　　D．邮件地址
11. 下列不会对计算机造成威胁的是（   ）。
    A．木马程序　　　　B．蠕虫病毒　　　　C．后门程序　　　　D．杀毒软件
12. 将二进数 1101 化为十进数等于（   ）。
    A．11　　　　　　　B．12　　　　　　　C．13　　　　　　　D．14
13. "阿尔法狗"围棋程序战胜了人类的围棋冠军，标志着人工智能的发展进入了第三阶段，即（   ）。
    A．推理时代　　　　　　　　　　　　　B．专家系统时代
    C．机器人时代　　　　　　　　　　　　D．深度学习时代
14. 下列选项中，属于人工智能技术应用的是（   ）。
    A．语音助手　　　　B．网络购物　　　　C．视频点播　　　　D．QQ 聊天
15. 人们通过微博可以获取资讯、发布信息、交流互动，所以微博是一种（   ）。
    A．信息处理工具　　　　　　　　　　　B．信息交流工具

C. 信息加工工具 D. 信息获取工具

16. CPU 的配置"i3 2.5G"中,"2.5G"表示( )。
    A. 内存容量   B. 机器字长   C. 时钟频率   D. 运算速度

17. 小明申请了一个QQ邮箱,用户名是 xy_88,那么她的邮箱地址应该是( )。
    A. xy_88.qq.com   B. qq@xy_88.com
    C. xy_88@qq.com   D. xy_88&qq.com

18. 信息系统面临的安全风险有( )。
    ① 黑客入侵   ② 木马   ③ 钓鱼 wifi   ④ 系统漏洞
    A. ①③④   B. ①②③   C. ②③④   D. ①②③④

19. 在 Python 中,以下属于正确的赋值语句的是( )。
    A. a==b   B. 2a=b   C. a2=b   D. a+b=2

20. 执行如下程序段后,print 语句被执行的次数是( )。
    for k in range(5):
        print(k)
    A. 6   B. 5   C. 4   D. 1

21. 通常把为运行、管理和维护计算而编制的各种程序、数据和文档总称为( )。
    A. 计算机系统   B. 操作系统   C. 硬件系统   D. 软件系统

22. 以下有关存储单位的换算,不正确的是( )。
    A. 1 Byte=8 bit   B. 1 MB=1024 KB
    C. 1 TB=1024 MB   D. 1 KB=1024 B

23. 下列传输介质中,传输速度最快的是( )。
    A. 光纤   B. 同轴电缆   C. 双绞线   D. 电话线

24. 下列不属于现代通信技术的是( )。
    A. 5G   B. 电报   C. 移动通信   D. IP 电话

25. 以下全属于计算机存储器的是( )。
    A. 闪存卡、光盘   B. 键盘、U 盘   C. 硬盘、鼠标   D. 内存、网卡

26. 下列属于违反知识产权的行为是( )。
    A. 开发应用软件   B. 使用免费软件
    C. 出售盗版软件   D. 安装正版软件

27. 信息技术的组成技术中,用于传输信息的是( )。
    A. 传感技术   B. 计算机技术   C. 电子技术   D. 通信技术

28. 获取数字图像的方法不正确的是( )。
    A. 屏幕截图   B. 软件制作   C. 语音输入   D. 拍摄输入

29. 与信息的获取、存储、加工和传输等相关的技术总称为( )。
    A. 计算机技术   B. 信息技术
    C. 网络技术   D. 人工智能技术

30. 网址 http://www.qzedu.gov.cn 的顶级域名及其表示的含义分别是( )。
    A. www,万维网   B. cn,中国
    C. qzedu,教育   D. gov,政府机构

31. 以下属于人工智能技术应用的是( )。

A．LED 广告屏　　　　B．3D 打印　　　　C．体温枪　　　　D．无人驾驶

32．以下关于机器语言特征的描述，正确的是(　　)。
　　A．接近自然语言　　　　　　　　B．程序通用性强
　　C．能被计算机直接执行　　　　　D．程序容易阅读

33．以下不属于信息采集工具的是(　　)。
　　A．录音笔　　　　B．传真机　　　　C．数码相机　　　　D．摄像机

34．以下不属于网络通信设备的是(　　)。
　　A．Modem　　　　B．路由器　　　　C．交换机　　　　D．SIM 卡

35．下面符合网络道德规范要求的是(　　)。
　　A．在 QQ 空间发表个人日志
　　B．私自查看他人计算机内的重要数据
　　C．在微信朋友圈转发未经证实的信息
　　D．利用黑客工具盗取别人的资金账户和密码

36．负责网络的资源管理和通信工作，为网络用户提供服务的设备是(　　)。
　　A．网管　　　　B．工作站　　　　C．服务器　　　　D．交换机

37．下列属于维护信息安全的正确行为有(　　)。
　　① 清除临时文件　　　　　　　② 设置计算机开机密码
　　③ 安装杀毒软件并开启监控　　④ 对重要数据进行备份
　　A．②③④　　　　B．①③④　　　　C．①②④　　　　D．①②③

38．以下属于 Python 源程序文件名的是(　　)。
　　A．prg.py　　　　B．prg.exe　　　　C．prg.pas　　　　D．prg.com

39．执行语句 x＝input()时，如果从键盘输入 20 并回车，则 x 的值是(　　)。
　　A．20　　　　B．20.0　　　　C．'20'　　　　D．'20.0'

40．造成网络安全主要危害的是(　　)。
　　A．网络上垃圾文件越来越多
　　B．使用计算机上网的人越来越多
　　C．网页中多媒体技术的大量使用
　　D．计算机病毒、黑客的非法入侵

41．以下设备不能采集到视频的是(　　)。
　　A．视频采集卡　　　　B．扫描仪　　　　C．智能手机　　　　D．数码摄像机

42．"停课不停学"，疫情期间利用钉钉进行授课，对应的计算机应用是(　　)。
　　A．CAI　　　　B．CAD　　　　C．CAT　　　　D．CAM

43．因特网(Internet)提供的网页浏览服务是(　　)。
　　A．WWW　　　　B．Telnet　　　　C．FTP　　　　D．E-mail

44．物联网中标识物品名称等信息可用 RFID 电子标签或(　　)。
　　A．智能码　　　　B．输入码　　　　C．交换码　　　　D．二维码

45．下列可以采集到音频信息的设备是(　　)。
　　A．耳机　　　　B．扬声器　　　　C．录音笔　　　　D．功率放大器

46．Python 语言中运行一个程序的快捷键是(　　)。
　　A．Ctrl＋R　　　　B．F2　　　　C．F10　　　　D．F5

47. 以下不属于高级语言特点的是( )。
    A. 高级语言接近于自然语言
    B. 高级语言程序容易阅读、修改和维护
    C. 高级语言程序机器可以直接执行
    D. 通用性好,不再依赖于特定硬件系统

48. 以下关于变量与常量的说法中,不合理的一项是( )。
    A. 程序中通过变量名使用变量的值
    B. 变量名可以使用任意的符号
    C. 变量在程序运行过程中其值允许改变
    D. 常量在程序运行过程中其值是固定的量

49. 在Python中,以下属于不正确的赋值语句的是( )。
    A. m=n=50 B. 3k=50 C. x,y=10,20 D. a+=40

50. 已知a=10,执行a-=5后,a的值是( )。
    A. 5 B. 10 C. 15 D. 出错

单项选择题综合训练(二)

1. 下列属于人工智能中模式识别技术应用的是(　　)。
   A．鼠标画图　　　　B．键盘输入　　　　C．图像识别　　　　D．视频播放
2. 触屏操作采用(　　)用户界面的操作指令。
   A．手控　　　　　　B．命令行　　　　　C．信息　　　　　　D．字符
3. 以下属于移动终端的是(　　)。
   ① FM 收音机　　　② 车载电脑　　　　③ 智能手机　　　　④ ipad
   A．①②③　　　　　B．①③④　　　　　C．②③④　　　　　D．①②④
4. Windows 操作系统中表示管理员的账户是(　　)。
   A．Guest　　　　　B．Administrator　　C．Everyone　　　　D．Root
5. 下列选项中,不属于 Python 程序设计语言特点的是(　　)。
   A．面向对象　　　　B．移植性差　　　　C．可读性强　　　　D．免费开源
6. 在机器人的定义中,突出强调的是(　　)。
   A．具有人的形象　　　　　　　　　　　B．模仿人的功能
   C．像人一样思考　　　　　　　　　　　D．感知能力很强
7. 某单位的网络带宽是 50 Mb/s,指的是(　　)。
   A．每秒传输 400 兆字节的数据　　　　　B．每秒传输 50 兆字节的数据
   C．每秒传输 50 兆比特的数据　　　　　　D．每秒传输 80 兆比特的数据
8. 在 Python 语言中,执行函数"a＝str(4.5)"后,a 的值是(　　)。
   A．4.5　　　　　　B．5　　　　　　　　C．"4.5"　　　　　　D．"5"
9. 在多媒体课件中根据用户答题情况给予正确或错误的答复,突出显示了多媒体技术的(　　)。
   A．非线性　　　　　B．交互性　　　　　C．集成性　　　　　D．多样性
10. 计算机病毒的主要危害表现在(　　)。
    A．损伤计算机的硬盘
    B．使计算机内存芯片损坏
    C．伤害计算机用户的身体健康
    D．影响程序的执行,破坏用户数据和程序
11. 为了便于给其他移动终端共享上网,可以在手机上设置(　　)。
    A．Wi-Fi　　　　　　　　　　　　　　　B．GPS
    C．位置信息共享　　　　　　　　　　　D．便携式 WLAN 热点
12. 英文简写 CAM 表示(　　)。
    A．计算机辅助设计　　　　　　　　　　B．计算机辅助教学
    C．计算机辅助制造　　　　　　　　　　D．计算机辅助测试
13. 用于存储暂时不用的程序和数据的存储器是(　　)。
    A．外存储器　　　　B．RAM　　　　　　C．ROM　　　　　　D．高速缓存
14. 人工智能在交通方面的应用包括(　　)。
    A．警用机器人　　　B．车牌识别　　　　C．自动驾驶　　　　D．以上均是
15. 下列关于 Python 语言特点的描述,不正确的是(　　)。

A. 它是一种可跨平台的程序设计语言

B. 它是一种免费的高级语言

C. 程序的执行采用编译方式

D. 它是一种面向对象的程序设计语言

16. 以下不能用于获取视频的方法是(　　)。

　　A. 利用"录屏"软件获取　　　　　　B. 利用数码摄像设备获取

　　C. 从录音设备中获取　　　　　　　D. 从即时通信软件中获取

17. 按照计算机应用分类,"选修课管理系统"属于(　　)。

　　A. 科学计算　　　B. 数据处理　　　C. 实时控制　　　D. 人工智能

18. 防止外部网络攻击的常用技术是(　　)。

　　A. 容错技术　　　　　　　　　　　B. 防火墙技术

　　C. 信息加密技术　　　　　　　　　D. 病毒防治技术

19. 下列没有用到大数据技术的是(　　)。

　　A. 携程旅游　　　B. 京东商城　　　C. 滴滴打车　　　D. 电子邮件

20. 以下属于移动终端设备的一项是(　　)。

　　A. 自动取款机　　B. 电子秤　　　　C. 平板电脑　　　D. U盘

21. FTP代表(　　)。

　　A. 文件传输协议　　　　　　　　　B. 邮件传输协议

　　C. 网页传输协议　　　　　　　　　D. 远程登录协议

22. 下列关于电子邮件的收件箱,描述不正确的是(　　)。

　　A. 收件箱的邮件不可以删除　　　　B. 存储的是接收的邮件

　　C. 存储邮件数量有限　　　　　　　D. 收件箱的邮件可以回复或者转发

23. 下列不会传播计算机病毒的是(　　)。

　　A. U盘　　　　　B. 鼠标　　　　　C. 网盘　　　　　D. 硬盘

24. 将信息泄露给未经授权的个人、实体,破坏了信息安全的(　　)。

　　A. 保密性　　　　B. 可用性　　　　C. 真实性　　　　D. 完整性

25. 程序设计语言中最接近人类自然语言的是(　　)。

　　A. 机器语言　　　B. 翻译语言　　　C. 高级语言　　　D. 汇编语言

26. 以下不属于物联网应用的是(　　)。

　　A. ETC车辆自动收费系统　　　　　B. 扫码解锁共享单车

　　C. 无线鼠标控制电脑　　　　　　　D. 手机运程操控家用电器

27. 以下函数不是Python内置函数的是(　　)。

　　A. print()　　　B. int()　　　　C. input()　　　D. cout()

28. 在Python中,表示整型数据的关键字是(　　)。

　　A. str　　　　　B. int　　　　　C. float　　　　D. class

29. 将二进制数1010转化为十进数等于(　　)。

　　A. 9　　　　　　B. 10　　　　　　C. 11　　　　　　D. 12

30. 下列关于信息安全的描述,不正确的是(　　)。

　　A. 信息安全问题大部分是人为的

　　B. 信息安全可能来自系统本身

    C．信息安全问题不可以解决

    D．信息安全问题可能来自自然灾害

31．微机系统组成中,主机和外部设备构成(　　)。

    A．软件系统　　　　B．计算机系统　　　　C．硬件系统　　　　D．主机板

32．www 服务使用的协议是(　　)。

    A．http　　　　　　B．ftp　　　　　　　C．pop3　　　　　　D．telnet

33．1KB 的存储空间可以存储汉字内码个数是(　　)。

    A．1024　　　　　　B．512　　　　　　　C．128　　　　　　　D．2048

34．URL 表示(　　)。

    A．超文本传输协议　　　　　　　　　　B．文件传输协议

    C．统一资源定位器　　　　　　　　　　D．简单邮件传输协议

35．图像的亮度是指(　　)。

    A．显示器的明暗程度　　　　　　　　　B．图像画面的明暗程度

    C．颜色的深浅程度　　　　　　　　　　D．颜色的纯度

36．键盘上数字锁定键是(　　)。

    A．Insert　　　　　B．Capslock　　　　C．Backspace　　　　D．Numlock

37．下列可用于输出多媒体数据的设备是(　　)。

    A．摄像头　　　　　B．麦克风　　　　　C．音箱　　　　　　D．扫描仪

38．下列选项中,属于人工智能技术应用的是(　　)。

    A．Word　　　　　　B．OCR　　　　　　C．Photoshop　　　　D．Excel

39．下列属于信息系统中的安全风险因素的是(　　)。

    ① 自然灾害　　　　② 硬件因素　　　　③ 经济因素　　　　④ 人为因素

    A．①③④　　　　　B．①②③　　　　　C．①②④　　　　　D．②③④

40．下列关于浏览器"刷新"功能的说法正确的是(　　)。

    A．提升网页浏览速度　　　　　　　　　B．转到主页

    C．跳转到新的页面　　　　　　　　　　D．重新加载网页

41．以下文件可以利用 QQ 影音播放的是(　　)。

    A．美好时光.pdf　　　　　　　　　　　B．美好时光.avi

    C．美好时光.gif　　　　　　　　　　　D．美好时光.rar

42．下列关于信息安全的说法正确的是(　　)。

    A．及时安装系统补丁,就不会感染计算机病毒

    B．对文件进行加密,就不会感染计算机病毒

    C．安装最新版的 QQ 软件,密码就不会被盗取了

    D．在计算机中安装杀毒软件,可有效地防止感染计算机病毒

43．下列可以从屏幕上抓取静态图片的工具软件是(　　)。

    A．截图工具　　　　B．画图　　　　　　C．写字板　　　　　D．记事本

44．Python 中,执行如下代码后,输出的结果是(　　)。

```
a,b=5,10
a,b=b,a
print(a,b)
```

A. 5 10 B. 5 5 C. 10 10 D. 10 5

45. 函数 round(8.56,1)计算的结果是(　　)。
    A. 8 B. 9.0 C. 8.5 D. 8.6

46. 下面程序段运行的结果是(　　)。
    a=3;b=2
    c=a**b
    print(c)
    A. 2 B. 3 C. 6 D. 9

47. n=5,m=6,以下表达式的计算结果为 True 的是(　　)。
    A. n>=m or n!=m   B. not(n<=m)
    C. n<m and m==n   D. n>m and m!=n

48. Python 中,语句"x=y"的含义是(　　)。
    A. 判断 x 等 y   B. 交换 x,y 的值
    C. 把 y 的值赋给 x   D. 把 x 的值赋给 y

49. 在 Python 语言中,以下表示字符型常量的是(　　)。
    A. 38.5 B. abc C. Ture D. "38.5"

50. 下图为计算机硬件系统的组成与工作原理图,其中①、②处的硬件名称分别是(　　)。

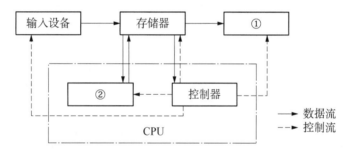

A. 显示设备、编辑器   B. 打印设备、计算器
C. 输出设备、运算器   D. 输出设备、显示器

单项选择题综合训练(三)

1. 下列属于计算机硬件系统五大部件之一的是( )。
   A．硬盘 B．鼠标 C．运算器 D．内存
2. 世界上第一个计算机网络是( )。
   A．ARPANET B．ChinaNet
   C．Internet D．CERNET
3. 电子计算机最早的应用领域是( )。
   A．数值计算 B．文字处理 C．数据处理 D．自动控制
4. 某学校机房被洪水淹没,导致服务器和信息管理系统故障。这主要属于信息系统应用安全风险中的( )。
   A．网络因素 B．自然灾害 C．人为因素 D．数据因素
5. 打开一个网页的方式不包括( )。
   A．使用 URL 地址 B．使用 IP 地址
   C．使用邮件地址 D．使用域名
6. 组成计算机硬件系统的基本部分是( )。
   A．CPU、键盘和显示器 B．主机和输入/输出设备
   C．CPU 和输入/输出设备 D．CPU、内存、硬盘、键盘和显示器
7. 在 Windows 7 中打开一个程序是指( )。
   A．将程序从内存保存到外存
   B．将程序从外存调入 CPU 并运行
   C．将程序从内存调入 CPU 并运行
   D．将程序从外存调入内存并运行
8. 当代微型计算机采用的电子元件是( )。
   A．电子管 B．晶体管
   C．中小规模集成电路 D．大规模及超大规模集成电路
9. 下列关于计算机网络中资源共享的描述,正确的是( )。
   A．只能在互联上进行资源共享
   B．资源被共享后就不能被修改
   C．可以进行硬件、软件和数据的共享
   D．只能共享文字、图像、声音和视频
10. 在网络时代,网络系统安全尤为重要。下列不属于保障网络安全的措施是( )。
    A．无线接入 B．通信加密 C．数字签名 D．数据备份
11. 若要保存自己喜欢的网站,最好的做法是将这些网站的网址( )。
    A．写在纸上,随身携带
    B．添加到浏览器的收藏夹中
    C．录入到 word 中并保存为 docx 文档
    D．存放在电子邮箱中,需要时打开邮箱查阅
12. 搬运机器人、分拣机器人主要应用于( )。
    A．工业制造 B．智慧农业 C．家庭服务 D．智能物流

13. 下列关于信息安全的描述,正确的是(   )。
    A．窃取信息不会受到法律惩罚
    B．我国信息安全还没形成立法
    C．计算机系统安全保护不分级别
    D．信息安全是国家安全战略的重要组成部分

14. 下面关于人工智能说法错误的是(   )。
    A．人工智能的发展将改变人类社会生活
    B．人工智能一定程度上能模仿人类的活动
    C．具有工人智能的计算机能像人一样地思考和解决问题
    D．人工智能的发展也会产生一些负面的社会影响

15. 下列关于汇编语言特征的描述,正确的是(   )。
    A．接近于自然语言   B．采用助记符号表示
    C．可以被计算机直接执行   D．用二进制数编写

16. 要连接无线网络,可以单击屏幕右下角的图标是(   )。
    A.   B.   C.   D.

17. 下列关于信息社会主要特征的描述,正确的是(   )。
    A．信息量增加而消费能力下降   B．人们学习和工作效率下降
    C．人们无法评价和使用信息   D．降低获取信息与知识的成本

18. 下列关于信息社会道德的描述,不正确的是(   )。
    A．利用网络与人交流也要文明、友善、诚信
    B．不随意转发未经认证的信息,不发布虚假信息
    C．网络交友要增强保护意识,不随意约会网友
    D．在虚拟的网络社会发布任何信息都不受法律约束

19. 在Python中,求a除以b的余数,正确的表达式是(   )。
    A．a%b   B．a/b   C．a**b   D．a//b

20. 运行以下程序后,输出的数据个数是(   )。
    for j in range(1,10,3):
        print(j)
    A．1   B．2   C．3   D．4

21. 下列可能是八进制数的是(   )。
    A．8705   B．5671   C．4129   D．20AF

22. Windows 7自带的截图工具可以实现(   )。
    A．把屏幕上显示的图片放大   B．把屏幕上显示的图片缩小
    C．获取屏幕上的连续动态图像   D．获取屏幕上的静态图像

23. Internet上通过WWW浏览网页基于的协议是(   )。
    A．HTTP   B．TCP/IP   C．FTP   D．ISP

24. 计算机网络按照拓扑结构可划分为(   )。
    A．教育网、科研网、商业网   B．总线型、星型、环型
    C．局域网、城域网、广域网   D．电路交换、报文交换、分组交换

25. 黑客行为是一种（   ）。
    A．恶作剧行为   B．"善意"探测行为
    C．违法犯罪行为   D．以上都不对
26. 以下不属于网络硬件设备的是（   ）。
    A．网络协议   B．服务器   C．路由器   D．双绞线
27. 国际互联网于1969年诞生于美国，其最初的用途是（   ）。
    A．教育培训   B．天文气象   C．军事战争   D．科学计算
28. 保证信息及信息系统确实能够被授权使用者所用指的是信息的（   ）。
    A．保密性   B．可用性   C．完整性   D．真实性
29. Photoshop不支持的文件格式是（   ）。
    A．PSD   B．JPG   C．PNG   D．PPTX
30. 3D电影《美人鱼》能使人有种身临其境的感觉，这种三维电影使用的技术是（   ）。
    A．人工智能   B．遥感遥测   C．网格计算   D．虚拟现实
31. 下列工具中，更适合于免费在线存储学习资源的是（   ）。
    A．云盘   B．微信   C．博客   D．钉钉
32. 将内存中的数据传输到硬盘的过程称为（   ）。
    A．读盘   B．写盘   C．输入   D．显示
33. 机器人能与人对话，主要应用了人工智能技术中的（   ）。
    A．模式识别技术   B．多媒体技术
    C．自然语言理解   D．生物特征识别
34. 为实施宽带中国战略，因特网运营商积极开展"百兆光网入户"业务，其中"百兆"表示（   ）。
    A．数据大小   B．流量大小   C．计算速度   D．网络带宽
35. 机器人能够灭火、踢足球，机器人获取外部环境信息的元件主要是利用（   ）制造的。
    A．通信技术   B．光电技术   C．计算机技术   D．传感技术
36. 物联网连接的是信息世界和（   ）。
    A．虚拟世界   B．物理世界   C．现实世界   D．三维世界
37. 可以用于连接主机和网络的通信设备是（   ）。
    A．网卡   B．声卡   C．USB数据线   D．显卡
38. Python中，表达式 15//2 执行的结果是（   ）。
    A．7.5   B．1   C．7   D．30
39. 用Python语言编写的程序（   ）。
    A．计算机能直接执行   B．具有良好的可读性和可移植性
    C．依赖于具体机器，可移植性差   D．兼容性差，依赖于特定平台
40. 下列关于电子邮件中添加附件的说法，正确的是（   ）。
    A．只能添加文本文件   B．只能添加图片文件
    C．可以添加文件夹   D．可以添加RAR格式文件
41. 信息技术涵盖了对信息的获取、表示、传输、（   ）在内的各技术。
    A．存储和应用   B．存储和加工   C．计算和加工   D．删除和交流

42. 下列可以组成无线局域网的是(　　)。
    A．WIFI　　　　　B．WAN　　　　　C．ARPAnet　　　D．MAN
43. 计算机能直接识别执行(　　)。
    A．高级语言程序　　　　　　　　　B．机器语言
    C．符号语言　　　　　　　　　　　D．汇编语言程序
44. 计算机网络共享资源包括(　　)。
    A．主机、外设和软件　　　　　　　B．软件、硬件和数据
    C．存储器和软件系统　　　　　　　D．键盘、显示器、打印机
45. 以下表示简单邮件传输协议的是(　　)。
    A．FTP　　　　　B．HTTP　　　　　C．SMTP　　　　D．TELNET
46. 下列可以作为计算机移动存储设备的是(　　)。
    A．U盘　　　　　B．内存　　　　　C．MP3　　　　　D．智能手机
47. 提出存储程序控制原理的科学家是(　　)。
    A．图灵　　　　　B．冯·诺伊曼　　C．爱因斯坦　　　D．比尔·盖茨
48. 电子书上不仅有数字化的文字,还有图片、声音、视频等内容。这主要体现了多媒体技术的(　　)。
    A．实时性　　　　B．共享性　　　　C．集成性　　　　D．交互性
49. 以下网络安全技术中,不能用于防止发送或接收信息的用户出现"抵赖"的是(　　)。
    A．数字签名　　　B．第三方确认　　C．防火墙　　　　D．身份认证
50. 以下属于我国自主研发的CPU型号的是(　　)。
    A．龙芯3B　　　　　　　　　　　　B．AMD4800H
    C．赛扬300A　　　　　　　　　　　D．Interl酷睿i5

单项选择题综合训练（四）

1. 微信可以将对方发来的语音信息转换成文字。这种技术主要运用了（　　）。
   A．人脸识别技术　　　　　　　　B．语音识别技术
   C．手写识别技术　　　　　　　　D．图像识别技术

2. 下列属于人工智能技术应用的是（　　）。
   A．扫描二维码添加好友　　　　　B．手机拍照时自动感应开启闪光灯
   C．Excel自动填充功能　　　　　　D．通过百度即时翻译

3. 在嫦娥探月的设计过程中，计算机发挥重要作用，其对应的主要应用领域是（　　）。
   A．数据处理　　　　　　　　　　B．科学计算
   C．虚拟现实　　　　　　　　　　D．辅助系统

4. 小明在家中使用VR眼镜观看了一场演唱会，有一种亲临现场的沉浸感。本例中"演唱会"使用的主要技术是（　　）。
   A．通信技术　　　　　　　　　　B．数据库技术
   C．虚拟现实技术　　　　　　　　D．人工智能技术

5. 以下不能通过互联网完成的是（　　）。
   A．电话费充值　　B．办理身份证　　C．订购电影票　　D．召开会议

6. 在访问因特网时，负责将域名转换成IP地址的是（　　）。
   A．WWW服务器　　B．FTP服务器　　C．电子邮件服务器　　D．DNS服务器

7. 在Python中，令a＝8.9,则变量a的数据类型是（　　）。
   A．str　　　　　B．int　　　　　C．float　　　　　D．bool

8. 在Python中，函数range(3)生成的数据序列是（　　）。
   A．1,2,3　　　　B．0,1,2,3　　　　C．0,1,2　　　　D．3

9. 下列不属于人工智能技术应用的是（　　）。
   A．手机中的人脸解锁功能
   B．刷校园卡进校门
   C．语音呼唤小米音箱播放音乐
   D．疫情期间用于辅助诊疗的智能机器人

10. 关于信息安全的说法，不正确的是（　　）。
    A．加密数据，防止信息被窃取
    B．启用数字签名，防止被假冒
    C．数据加密能保证数据的绝对安全
    D．手机支付时需要密码和验证码双重验证，可以提高安全性

11. 在微机硬件组成中，以下说法不正确的是（　　）。
    A．主机包括CPU和内存
    B．内存包括硬盘、光盘、U盘等
    C．重启后，RAM中存储的信息会丢失
    D．运算器、控制器和内存总称为主机

12. 双绞线与网卡相连接的接口标准是（　　）。
    A．USB　　　　　B．COM　　　　　C．RJ-45　　　　　D．AUI

13. 以下属于只读存储器的是(   )。
    A. 硬盘　　　　　　　B. CD-ROM　　　　　C. RAM　　　　　　　D. U盘
14. 把家里的三台计算机组成一个小网络,不需要用到(   )。
    A. 网卡　　　　　　　B. 麦克风　　　　　　C. 网线　　　　　　　D. 交换机
15. 在计算机网络中,通常把提供并管理共享资源的计算机称为(   )。
    A. 服务器　　　　　　　　　　　　　　　　　B. 工作站
    C. 客户机　　　　　　　　　　　　　　　　　D. 通信设备
16. 多媒体技术是指以计算机为平台综合处理多种媒体信息,其中"媒体"主要指的是(   )。
    A. 文字和图像　　　　　　　　　　　　　　　B. 各种信息的编码
    C. 音频和视频　　　　　　　　　　　　　　　D. 承载信息的载体
17. 计算机网络类型有不同分类方式,按地理范围分类,不包括(   )。
    A. LAN　　　　　　　B. MAN　　　　　　　C. WAN　　　　　　　D. Internet
18. 指纹识别的关键技术是(   )。
    A. 语音识别　　　　　　　　　　　　　　　　B. 机器学习
    C. 生物特征识别　　　　　　　　　　　　　　D. 自然语言处理
19. 以下字符的ASCII码值最小的一个是(   )。
    A. 2　　　　　　　　　B. A　　　　　　　　　C. a　　　　　　　　　D. Z
20. 因特网提供的服务中,目前网络应用最广泛的是(   )。
    A. WWW　　　　　　　B. BBS　　　　　　　C. E-mail　　　　　　D. FTP
21. 存储10个16×16点阵的汉字字形码需要的字节数是(   )。
    A. 2560　　　　　　　B. 320　　　　　　　　C. 512　　　　　　　　D. 640
22. 下列设备中不可以作为视频采集工具的是(   )。
    A. 绘图仪　　　　　　B. 录像头　　　　　　C. 上网本　　　　　　D. 谷歌眼镜
23. "送餐机器人"可以按照预先制定好的路线,按指令端盘送餐到指定桌台,它采用的主要技术是(   )。
    A. 虚拟现实技术　　　　　　　　　　　　　　B. 无线网络技术
    C. 增强现实技术　　　　　　　　　　　　　　D. 人工智能技术
24. 网络上能实现多人协作办公,共同完成任务的软件是(   )。
    A. 记事本　　　　　　B. Word 2010　　　　　C. 金山云办公　　　　D. 迅雷
25. 下列不是存储容量单位的是(   )。
    A. KB　　　　　　　　B. GB　　　　　　　　C. GHz　　　　　　　　D. MB
26. 下列设备中,能将声音的模拟信号转换成计算机能处理的数字信号的是(   )。
    A. 音箱　　　　　　　B. 网卡　　　　　　　C. 扬声器　　　　　　D. 声卡
27. 运行以下程序段后,变量i的值是(   )。
    i=5
    While i>=1:
    　　print(i)
    　　i=i-1
    A. 5　　　　　　　　　B. 4　　　　　　　　　C. 1　　　　　　　　　D. 0

28. Python 中，注释语句的标志是在语句前加（　　）。
    A．# B．单引号 C．; D．$
29. 以下全属于计算机病毒特点的是（　　）。
    A．传染性、破坏性、普遍性
    B．潜伏性、激发性、隐蔽性
    C．传染性、寄生性、不可预测性
    D．可触发性、破坏性、免疫性
30. 以下有关电子邮件的叙述，正确的一项是（　　）。
    A．电子邮件是直接发送到对方的电脑上
    B．没有及时接收的新邮件将被自动退回
    C．当有新邮件到达时，会自动保存在邮件服务器上
    D．用户注册的是网易邮箱，以后只能在网易网站上使用
31. 电子计算机自诞生以来，已经历了五代，每一代都是以（　　）的更新为标志的。
    A．运算速度 B．存储容量 C．电子元件 D．智能程度
32. 以下不会影响计算机运行速度的是（　　）。
    A．CPU 的字长 B．内存容量大小
    C．CPU 主频 D．主机箱的大小
33. 凡是能扩展人的信息功能的技术都称为信息技术。在仿生学的角度中，不同类型的信息技术通常被比喻为人的不同器官。其中，被喻为人的"感觉器官"的是（　　）。
    A．通信系统 B．虚拟现实系统 C．传感器 D．计算机
34. 网络术语"带宽"指的是（　　）。
    A．计算速度 B．网络规模
    C．网线宽度 D．数据传输速率
35. 机器人在生产生活中的广泛应用，主要体现了信息技术朝着（　　）方向发展。
    A．智能化 B．网络化 C．多元化 D．多媒体化
36. 网络环境下的自主探究学习主要体现了网络的（　　）特点。
    A．共享和交流 B．开放性 C．信息容量大 D．交互性
37. 要进行多媒体信息的集成可以使用的软件是（　　）。
    A．记事本 B．Outlook C．WinRAR D．PowerPoint
38. 下列属于人工智能技术应用的有（　　）。
    ① 使用红外测温枪，不接触就能测量体温
    ② 使用翻译笔直接将普通话翻译成英语
    ③ 某网站将用户上传的视频进行压缩转码后输出
    ④ 通过人脸识别，直接获取"绿码"信息
    A．②③④ B．②③ C．②④ D．①②④
39. 下列属于音频文件的是（　　）。
    A．新歌声.avi B．新歌声.mp4 C．新歌声.wma D．新歌声.pptx
40. 小明在图书馆通过 wifi 上网查找资料，这种因特网接入方式属于（　　）。
    A．局域网接入方式 B．无线接入方式
    C．拨号接入方式 D．光纤接入方式

41. 输出汉字时使用的编码是(　　)。
    A. 字形码　　　　　B. ASCII 码　　　　C. BCD 码　　　　D. 国标码

42. 下列能打开 IE8.0 的"Internet 选项"对话框的菜单是(　　)。
    A. 编辑　　　　　　B. 文件　　　　　　C. 查看　　　　　D. 工具

43. 在 Python 语言中,已知 a=7,b=9,下列运行结果为 False 的是(　　)。
    A. a+2>=b　　　　B. a==b−1　　　　C. a<=b　　　　　D. a!=b

44. 在 Python 语言中,为变量 a 和 b 赋初值 20 的语句是(　　)。
    A. a,b=20
    C. a=20,b=20
    B. a=b=20
    D. a=20;b=20

45. 软件系统中最核心的软件是(　　)。
    A. 工具软件
    C. 操作系统
    B. 编译系统
    D. 程序设计语言

46. 以下设备中哪项是计算机运行必不可少的(　　)。
    A. 打印机　　　　　B. 光驱　　　　　　C. U 盘　　　　　D. CPU

47. 下列关于信息安全的说法,正确的是(　　)。
    A. 网购时刷脸支付可确保财产绝对安全
    B. 经过加密的信息具有的绝对安全性
    C. 常修改账户密码有利于提高账户的安全性
    D. 在信息传递时使用压缩技术主要是为了提高信息的安全性

48. 以下属于字符型常量的是(　　)。
    A. "123"　　　　　B. 123.0　　　　　C. 2021−10　　　D. [10,20]

49. Python 中,判断 a 不等于 b 的表达式是(　　)。
    A. a<>b　　　　　B. a!=b　　　　　　C. a≠b　　　　　D. a==b

50. 以下关于搜索引擎的描述正确的是(　　)。
    A. 搜索引擎查询到的一定是最新的信息
    B. 搜索引擎主要分为目录搜索和全文搜索
    C. 使用搜索可以搜索到任何信息,包括军事机密
    D. 在搜索结果列表中,排在越前面的信息越真实

单项选择题综合训练（五）

1. 下列设备中支持即插即用、支持热插拔的是(　　)。
   A．显卡　　　　B．声卡　　　　C．硬盘　　　　D．U 盘
2. 下列关于存储器名称的描述,错误的是(　　)。
   A．闪速存储器简称为 U 盘　　　　B．光盘简称 HD
   C．随机存取存储器简称为 RAM　　D．只读存储器简称为 ROM
3. 万维网的英文简称是(　　)。
   A．EMAIL　　　B．WWW　　　C．HTTP　　　D．HTML
4. 要查看刚才看过的网页最好按下工具栏上的(　　)按钮。
   A．主页　　　　B．刷新　　　　C．后退　　　　D．收藏夹
5. 1 公里范围以内的计算机组成的网络属于(　　)。
   A．城域网　　　B．广域网　　　C．局域网　　　D．全球网
6. 小李家电脑 CPU 是 32 位,这里 32 位表示的技术指标为(　　)。
   A．容量　　　　B．字长　　　　C．速度　　　　D．字节
7. 显示器的性能指标中 1024 * 768 是指显示器的(　　)。
   A．尺寸　　　　B．刷新频率　　C．分辨率　　　D．有效面积
8. 以下方法不能用于获取音频素材的是(　　)。
   A．从视频上获取　　　　　　　　B．从 MP3 播放器上获取
   C．从麦克风上获取　　　　　　　D．从图像上获取
9. 以下属于 I/O 设备的一项是(　　)。
   A．RAM　　　　B．显示器　　　C．运算器　　　D．CPU
10. 下列关于计算机病毒的说法,正确的是(　　)。
    A．损坏的计算机容易产生病毒
    B．机房环境不清洁容易产生病毒
    C．病毒是由于程序变异而产生的
    D．病毒是具有破坏性的特制程序
11. 以下属于计算机应用软件的是(　　)。
    A．Python 语言　B．WPS　　　　C．IOS　　　　D．Android
12. 三位二进制数能表示的最大十进制数是(　　)。
    A．4　　　　　B．7　　　　　C．15　　　　　D．64
13. 一张未经压缩、分辨率为 20 * 10、颜色为 32 位的位图图像,其存储容量为(　　)。
    A．1024 B　　　B．800 B　　　C．6400 B　　　D．200 B
14. 在计算机软件分类中,WPS 2019 属于(　　)。
    A．图像处理软件　B．操作系统　　C．数据库管理系统　D．办公软件
15. 以下关于人工智能的说法正确的是(　　)。
    A．人工智能对人类有利无弊
    B．人工智能可以全面取代人类活动
    C．人工智能用于模拟和延伸人类的智能
    D．随着人工智能的发展,人工智能将比人类聪明

16. 以下不属于保护信息系统安全的措施是(   )。
    A．安装防火墙   B．入侵检测   C．卸载多余的软件   D．数据加密
17. 下列关于信息社会主要特征的描述,正确的是(   )。
    A．人们可以不用工作而获得高报酬
    B．社会经济和生产得到快速发展
    C．使用传统技术生产劳动不用创新
    D．人们可以不用学习而获得新知识
18. 以下应用中对网络带宽要求最低的是(   )。
    A．网上视频聊天   B．网络可视电话
    C．网络视频点播   D．更新 QQ 空间
19. 以法律形式明确"网络实名制"的法律是(   )。
    A．电子商务法   B．网络安全法   C．密码法   D．民法总则
20. 拍照搜题系统在短时间内就可以给出题目的答案以及解题思路,这个系统对应的人工智能应用是(   )。
    A．智能交通   B．智能医疗   C．智能教育   D．智能科研
21. 网络安全主要涉及(   )。
    A．信息存储安全   B．信息传输安全   C．信息应用安全   D．以上全是
22. 计算机中用于控制和协调计算机各部件自动、连续地执行各条指令的部件,通常称为(   )。
    A．存储器   B．主机板   C．控制器   D．运算器
23. 以下属于 ROM 的特点的是(   )。
    A．能存储海量的信息
    B．属于临时存储器,信息容易丢失
    C．用户可以随时修改 ROM 中信息
    D．它是永久性存储器,用于存储 BIOS 信息
24. 下列有关外存储器的描述中不正确的是(   )。
    A．硬盘驱动器既是输入设备,也是输出设备
    B．U 盘、硬盘、磁带、光盘都属于外存储器
    C．外存储器中所存储的信息,断电后信息也会随之丢失
    D．外存储不能被 CPU 直接访问,必须通过内存才能被 CPU 所使用
25. 以下不能用作光学字符阅读器的是(   )。
    A．条形码阅读器   B．光学扫描仪   C．键盘   D．数码相机
26. 以下属于图像文件的是(   )。
    A．青山绿水.wma   B．青山绿水.mp3
    C．青山绿水.wmv   D．青山绿水.gif
27. CPU 中,除了内部总线和必要的寄存器外,主要的两大部分分别是运算器和(   )。
    A．控制器   B．存储器   C．Cache   D．编辑器
28. 以下全属于计算机病毒特点的一组是(   )。
    A．隐蔽性、激发性、破坏性   B．隐蔽性、破坏性、免疫性
    C．潜伏性、可触发性、时效性   D．传染性、表现性、顽固性

29. 要利用计算机录制一段声音,电脑必须具备(　　)。
   A．声卡　　　　　B．录音程序　　　C．麦克风　　　　D．以上全是
30. 算式 3x÷5y 用 Python 表达式可表示为(　　)。
   A．x3/y5　　　　　　　　　　　　　B．3*x/(5*y)
   C．3*x/5*y　　　　　　　　　　　　D．3*x//(5*y)
31. 以下没有用到现代信息技术的是(　　)。
   A．利用携程平台订机票　　　　　　B．到商场用现金购物
   C．通过美团平台订餐　　　　　　　D．利用滴滴平台打车
32. 一幅由像素点组成的位图,把图像放大 5 倍则(　　)。
   A．不失真　　　　B．图像变模糊　　C．质量保持不变　D．色彩变丰富
33. 以下软件不具有视频播放功能的是(　　)。
   A．QQ 影音　　　B．Media Player　　C．暴风影音　　　D．Outlook
34. 要利用网络发布、分享自己的学习感想,不可以使用(　　)。
   A．迅雷　　　　　B．微信　　　　　C．QQ　　　　　　D．微博
35. 利用 MSN 与网友互动,这属于计算机网络哪方面的应用(　　)。
   A．万维网　　　　B．资源下载　　　C．网络通信　　　D．协同处理
36. 衡量网络上数据传输速率的单位是 bps,其含义是(　　)。
   A．信号每秒传输多少公里　　　　　B．每秒传送多少个数据
   C．每秒传送多少个二进制位　　　　D．每秒传送多少个字节的数据
37. 因特网服务提供商简称为(　　)。
   A．ICP　　　　　　B．ISP　　　　　　C．ISO　　　　　　D．PCI
38. 以下关于访问 WWW 站点的说法正确的是(　　)。
   A．只能输入 IP 地址　　　　　　　　B．需同时输入 IP 地址和域名
   C．只能输入域名　　　　　　　　　　D．可以输入 IP 地址或输入域名
39. 与内存相比,外存的主要优点是(　　)。
   A．可被 CPU 直接访问　　　　　　　B．信息可长期保存
   C．存储单位信息的价格便宜　　　　D．存取速度快
40. 以下不属于 ISP 的是(　　)。
   A．中国电信　　　B．中国移动　　　C．中国邮政　　　D．中国联通
41. 以下有关 WWW 的说法中不正确的是(　　)。
   A．WWW 中文简称为万维网　　　　B．WWW 采用的通信协议是 HTTP
   C．WWW 是"Word Wide Web"的缩写　D．WWW 是一种电子邮件系统
42. 在访问某网站时,由于某些原因造成网页未完整显示,可通过单击什么按钮重新传输(　　)。
   A．主页　　　　　B．停止　　　　　C．刷新　　　　　D．收藏
43. 为解决 CPU 和内存之间速度不匹配的问题,计算机中需要配置(　　)。
   A．闪存　　　　　　　　　　　　　　B．只读存储器 ROM
   C．高速缓冲存储器(Cache)　　　　　D．随机存储器 RAM
44. 有一台微机的硬件配置是"i5 3.5G/4G/500G",以下有关说法中,不正确的是(　　)。
   A．CPU 的运算速度为 3.5 GIPS　　　 B．内存容量为 4 GB

C. 硬盘的容量为 500 GB D. CPU 的主频为 3.5 GHz

45. 下列说法中错误的是(　　)。
   A. 因特网中的 IP 地址是唯一的
   B. 一个 IP 地址可以对应多个域名
   C. 拨号上网不需要 IP 地址
   D. IP 地址由网络地址和主机地址组成

46. a＝20,b＝10,c＝str(a)＋str(b),则 c 的值是(　　)。
   A. 30　　　　B. "30"　　　　C. 2010　　　　D. "2010"

47. 在 Python 中,表示 10 以内的奇数可使用函数(　　)。
   A. range(10)　　　　　　　　B. range(1,10)
   C. range(10,2)　　　　　　　D. range(1,10,2)

48. 在 Python 中用于求一个字符串长度的函数是(　　)。
   A. sum()　　　　B. str()　　　　C. len()　　　　D. sqrt()

49. 以下不属于 Python 分支语句标识符的是(　　)。
   A. if　　　　B. while　　　　C. elif　　　　D. else

50. Python 中,执行如下语句段后,输出的结果是(　　)。
   ```
   n,m=10,15
   if n>=m:
       s=m//n
   else:
       s=m%n
   print(s)
   ```
   A. 1.5　　　　B. 15　　　　C. 5　　　　D. 10

单项选择题综合训练（六）

1. 显示器最主要的性能指标是（　　）。
   A．显示器品牌 B．显示器颜色
   C．显示器大小 D．显示器分辨率
2. 用"画图"编辑一幅 600＊800 像素的图片，分别保存为 bmp(24 位位图)和 jpg 两种格式的文件，通常这两个文件所占磁盘空间（　　）。
   A．一样大　　　B．bmp 格式大　　　C．jpg 格式大　　　D．不能确定
3. 下列属于文本文件格式的是（　　）。
   A．学业考试.exe B．学业考试.xlsx
   C．学业考试.txt D．学业考试.jpeg
4. 无线移动网络最突出的优点是（　　）。
   A．资源共享和快速传输信息 B．共享文件和收发邮件
   C．文献检索和网上聊天 D．提供随时随地的网络服务
5. Photoshop 软件无法保存的文件格式是（　　）。
   A．jpg　　　B．tif　　　C．png　　　D．mpg
6. 计算机的性能主要取决于（　　）。
   A．RAM 的存取速度 B．中央处理器的性能
   C．硬盘容量的大小 D．显示器的性能
7. 计算机病毒是（　　）。
   A．能传染的生物病菌 B．变异的计算机程序
   C．被植入木马的计算机程序 D．人为编制的特殊程序
8. 下列属于在办公室或家庭中使用的无线短距离通信技术是（　　）。
   A．Lan　　　B．Internet　　　C．卫星互联网　　　D．WiFi
9. 从计算机屏幕上抓取动态操作过程，也称为（　　）。
   A．录屏　　　B．录音　　　C．截屏　　　D．扫描
10. 目前，计算机的设计原理是依据冯·诺依曼提出的（　　）。
    A．计算机内部的数据采用二进制 B．计算机可以进行逻辑计算
    C．存储程序控制 D．计算机硬件由五个部分组成
11. 网络购票系统的应用，主要体现的信息技术发展趋势是（　　）。
    A．数字化　　　B．多媒体化　　　C．网络化　　　D．虚拟化
12. 以下存储器中，读写速度最快的是（　　）。
    A．U 盘　　　B．硬盘　　　C．内存　　　D．Cache
13. 欲将 rar 压缩文件通过邮件发送给远方的朋友，可以将该文件放在邮件的（　　）。
    A．收件人　　　B．附件中　　　C．正文　　　D．主题
14. 以下不属于高级程序设计语言的是（　　）。
    A．Pascal 语言 B．C++语言
    C．汇编语言 D．Python 语言
15. 利用计算机来模仿人的高级思维活动，如计算机博弈、数据证明等，被称为（　　）。
    A．自动控制　　　B．科学计算　　　C．数据处理　　　D．人工智能

16. 使用"小米智能家居 APP"可以远程控制家居设备，其主要使用的技术是（ ）。
    A．云计算　　　　　B．大数据　　　　　C．虚拟现实　　　　D．物联网
17. 以下属于数字媒体的是（ ）。
    A．键盘　　　　　　B．显示器　　　　　C．图像　　　　　　D．音箱
18. 计算机系统的组成部件有：运算器、存储器、输入设备、输出设备和（ ）。
    A．显示器和键盘　　　　　　　　　　　B．控制器
    C．硬盘和 U 盘　　　　　　　　　　　D．打印机和鼠标
19. 在百度的搜索框中输入"瓷器的发源地"进行搜索，这种搜索方式属于（ ）
    A．全文搜索　　　　B．分类搜索　　　　C．内容搜索　　　　D．元搜索
20. 下列关于计算机病毒的说法中，正确的是（ ）。
    A．病毒只能通过网络传染
    B．反病毒软件可以清除所有病毒
    C．安装了防病毒卡的微机不会感染病毒
    D．计算机病毒是一段可运行的程序
21. 将当前窗口截取为图片，可以使用键盘的按键是（ ）。
    A．Alt＋Printscreen 键　　　　　　　B．Printscreen 键
    C．Shift＋Printscreen 键　　　　　　D．Ctrl＋Printscreen 键
22. 在因特网上，每台主机都有唯一的地址，该地址由纯数字组成并用小数点分开，称为（ ）。
    A．TCP 地址　　　　　　　　　　　　B．WWW 客户机地址
    C．IP 地址　　　　　　　　　　　　　D．WWW 服务器地址
23. 中央处理器简称为（ ）。
    A．ALU　　　　　　B．MPU　　　　　　C．CPU　　　　　　D．BUS
24. 互联网的发展，经历了由简单到复杂的过程，互联网始于（ ）。
    A．Internet　　　　B．ARPANET　　　　C．Ethernet　　　　D．PSDN
25. 以下可作为移动终端的设备是（ ）。
    A．键盘　　　　　　B．电视　　　　　　C．笔记电脑　　　　D．录音机
26. 互联网通信的质量有两个重要的指标，即传输率和（ ）。
    A．波特率　　　　　B．误码率　　　　　C．编码率　　　　　D．占有率
27. IP 地址由两部分组成，即主机地址和（ ）。
    A．路由器地址　　　B．服务器地址　　　C．机构名称　　　　D．网络地址
28. 在计算机内部，对汉字进行传输、处理和存储时使用（ ）。
    A．字形码　　　　　B．国标码　　　　　C．机内码　　　　　D．输入码
29. 下列属于专业下载工具的是（ ）。
    A．QQ　　　　　　　B．优酷　　　　　　C．百度　　　　　　D．迅雷
30. 调制解调器（Modem）的作用是（ ）。
    A．将数字信号转换成模拟信号　　　　　B．将模拟信号转换成数字信号
    C．将数字信号与模拟信号相互转换　　　D．为了拨打电话与上网两不误
31. 存储 1024 个 24×24 点阵的汉字字形码需要的字节数是（ ）。
    A．720 B　　　　　B．72 KB　　　　　　C．7000 B　　　　　D．7200 B

32. 下列软件中属于应用软件的是（　　）。
    A．Unix/Linux　　　　B．MSDOS　　　　C．Windows 7　　　　D．暴风影音
33. 下列关于CPU的叙述中，正确的是（　　）。
    A．CPU能直接读取硬盘上的数据
    B．CPU能直接与内存储器交换数据
    C．CPU主要组成部分是存储器和控制器
    D．CPU主要用于执行算术运算
34. 计算机系统的两大组成部分是（　　）。
    A．CPU和内存　　　　　　　　　　　　B．主机和输入/输出设备
    C．硬件系统和软件系统　　　　　　　　D．应用软件和系统软件
35. 以下属于视频文件的是（　　）。
    A．美好河山.png　　　　　　　　　　　B．美好河山.avi
    C．美好河山.rar　　　　　　　　　　　D．美好河山.wma
36. 下列叙述中不正确的是（　　）。
    A．机器语言程序执行效率最高
    B．高级语言最接近自然语言
    C．高级语言程序移植性最差
    D．汇编语言程序必须编译成机器语言程序才能执行
37. 对CD-ROM可以进行的操作是（　　）。
    A．读或写　　　　B．只能读不能写　　　C．只能写不能读　　　D．能存不能取
38. 下列全部属于外部设备的一组是（　　）。
    A．打印机、移动硬盘、扫描仪　　　　　B．CPU、触摸屏、键盘
    C．内存条、光驱、鼠标器　　　　　　　D．硬盘、RAM、U盘
39. 疫情期间，防控部门通过八闽健康码排查重点防范人员，其使用的主要技术是（　　）。
    A．虚拟现实技术　　　　　　　　　　　B．多媒体技术
    C．大数据技术　　　　　　　　　　　　D．辅助管理技术
40. 某机器的字长为64位，表示（　　）。
    A．这台计算机最大能计算一个64位的十进制数
    B．这台计算机的CPU一次能处理64位的二进制数
    C．这台计算机每分钟能处理64位二进制数
    D．这台计算机每秒钟能执行64次运算
41. 以下事件不可能造成计算机中毒的是（　　）。
    A．使用盗版光盘　　　　　　　　　　　B．从键盘上输入数据
    C．下载邮件附件　　　　　　　　　　　D．连接外来磁盘
42. 下列的英文缩写和中文名字的对照中，不正确的是（　　）。
    A．CAD—计算机辅助设计　　　　　　　B．CAM—计算机辅助制造
    C．CAT—计算机辅助测试　　　　　　　D．CAI—计算机辅助研究
43. 下面关于操作系统的叙述中，不正确的是（　　）。
    A．它是软件系统的核心

B．Windows 是 PC 机唯一的操作系统

C．操作系统用于管理系统资源

D．计算机的运行离不开操作系统

44．家庭用户的计算机使用电话线,采用拨号方式接入互联网需要具备(　　)。
　　A．电话机　　　　B．DVD-ROM　　　　C．Modem　　　　D．卫星接收器

45．以下选项中不属于计算机特点的一项是(　　)。
　　A．自动执行程序的能力　　　　　　　B．高速、精确的运算能力
　　C．准确的逻辑判断能力　　　　　　　D．具有独立思考的能力

46．下列关于计算机病毒的叙述中,正确的是一项是(　　)。
　　A．计算机病毒具有自我复制的特点
　　B．装一种杀毒软件可以查杀所有类型的病毒
　　C．计算机病毒是一种有逻辑错误的小程序
　　D．感染过计算机病毒的计算机具有对该病毒的免疫性

47．在 Python 中,以下运算符优先级最低的是(　　)。
　　A．＋　　　　　B．/　　　　　C．%　　　　　D．＞

48．下面 Python 代码运行后,输出的结果是(　　)。
　　a＝27
　　b＝int(a/10)
　　print(b)
　　A．2.7　　　　B．2.8　　　　C．7　　　　D．2

49．以下 Python 表达式中,能正确表示不等式方程|x|＞1 解的是(　　)。
　　A．x＞1 or x＜－1　　　　　　　B．x＞－1 or x＜1
　　C．x＞1 and x＜－1　　　　　　D．x＞－1 and x＜1

50．如下 Python 程序段运行后,x 的值为(　　)。
　　x＝0
　　While x＜20：
　　　　x＝x＋5
　　A．25　　　　B．15　　　　C．5　　　　D．20

单项选择题综合训练（七）

1. 以下不属于显示器的性能指标的是（　　）。
   A．像素的点距　　　B．分辨率　　　C．显示器尺寸　　　D．重量
2. 以下全属于计算机输出设备的一组是（　　）。
   A．音箱、条形码阅读器　　　　　　B．打印机、绘图仪
   C．投影仪、键盘　　　　　　　　　D．麦克风、扫描仪
3. Python 语言属于（　　）。
   A．低级语言　　　B．智能语言　　　C．机器语言　　　D．高级语言
4. 以下不属于计算机高级程序设计语言的是（　　）。
   A．汇编语言　　　B．机器语言　　　C．C语言　　　D．自然语言
5. 计算机软件分为（　　）。
   A．程序和数据　　　　　　　　　　B．操作系统和语言处理程序
   C．系统软件和应用软件　　　　　　D．程序、数据与相关的文档
6. 以下不属于计算机网络连接设备的是（　　）。
   A．路由器　　　B．交换机　　　C．集线器　　　D．显示器
7. 通常用带宽衡量网络速率，如带宽为 10 M，其单位是（　　）。
   A．bit/s　　　B．MIPS　　　C．Byte/s　　　D．Hz
8. 以下哪种网络传输介质，其传输速度快、抗干扰能力强、稳定性好（　　）。
   A．无线电波　　　B．光纤　　　C．双绞线　　　D．同轴电缆
9. 在百度网站交互式检索、浏览信息，属于互联网应用中（　　）。
   A．E-mail　　　B．FTP　　　C．Telnet　　　D．WWW
10. 要搜索唐朝杜甫的送别诗，下列关键字搜索结果较接近的是（　　）。
    A．杜甫 送别诗　　　B．杜甫　　　C．送别诗　　　D．唐朝杜甫
11. 下列不属于系统总线的是（　　）。
    A．网络总线　　　B．地址总线　　　C．数据总线　　　D．控制总线
12. 域名 www.163.net 中，"net" 所表示的网站性质是（　　）。
    A．商业机构　　　　　　　　　　　B．非营利性组织
    C．教育机构　　　　　　　　　　　D．网络服务组织
13. 医生把患者的就诊信息保存在医疗管理系统中。这体现了信息系统的主要功能是（　　）。
    A．存储功能　　　B．传输功能　　　C．控制功能　　　D．输出功能
14. "超文本传输协议"简称为（　　）。
    A．HTML　　　B．FTP　　　C．HTTP　　　D．ADSL
15. 生物兴趣小组成员需要录制一段小鸟的叫声，以下可用的数字化采集工具是（　　）。
    A．签字笔　　　B．麦克风　　　C．录音笔　　　D．扬声器
16. 用户要将计算机接入互联网，电脑中必须安装的协议是（　　）。
    A．IPX/SPX　　　B．TCP/IP　　　C．PPPOE　　　D．NETBIOS
17. 在浏览一个网页时若想查看该网页上的最新内容，必须单击浏览器工具栏上的按钮是（　　）。

A. 主页　　　　　　B. 前进　　　　　　C. 刷新　　　　　　D. 搜索
18. 采用输入关键词进行搜索的搜索引擎属于（　　）。
　　A. 分类搜索　　　B. 内容搜索　　　C. 人工搜索　　　D. 全文搜索
19. 以下有关电子邮件的说法中正确的是（　　）。
　　A. 没有主题的邮件不能发送　　　　B. 没有内容的邮件不能发送
　　C. 没有收件人的邮件不能发送　　　D. 没有附件的邮件不能发送
20. 以下属于正确的 E-mail 地址的是（　　）。
　　A. xysp＄sina.com　　　　　　　　B. xysp@sina.com
　　C. xysp♯sina.com　　　　　　　　D. sina.com@xysp
21. 在 Internet 中，采用 IPV4 版本的 IP 地址，其最大长度是（　　）。
　　A. 8 位　　　　　　B. 16 位　　　　　C. 32 位　　　　　D. 64 位
22. 键盘上退格键是（　　）。
　　A. Backspace　　　B. Shift　　　　　C. CapsLock　　　D. Numlock
23. 某编剧未经作者授权将其已发表的小说改编成电视剧。这种做法违反了（　　）。
　　A.《中华人民共和国密码法》　　　B.《中华人民共和国商标法》
　　C.《中华人民共和国专利法》　　　D.《中华人民共和国著作权法》
24. 有关 RAM 特点的叙述中正确的是（　　）。
　　A. 可随机读写数据，断电后数据将全部丢失
　　B. 可随机读写数据，断电后数据将部分丢失
　　C. 只能按顺序读写，断电后数据都不丢失
　　D. 只能顺序读写，断电后数据将全部丢失
25. 为了区分各种进制的数据，通常在数值的后面加字母，其中用于表示十六进制数的字母是（　　）。
　　A. O　　　　　　　B. H　　　　　　　C. B　　　　　　　D. D
26. 以下有关邮件附件的说法中不正确的是（　　）。
　　A. 附件的大小没有限制　　　　　　B. 利用附件可以发送文件
　　C. 附件可以是任意格式的文件　　　D. 一封邮件可以添加多个附件
27. 支付宝是一种（　　）。
　　A. 网聊工具　　　　　　　　　　　B. 网购平台
　　C. 网络存储工具　　　　　　　　　D. 网络交易工具
28. 发送邮件使用的协议是（　　）。
　　A. POP3　　　　　　B. HTTP　　　　　C. SMTP　　　　　D. NETBUI
29. 下列关于搜索引擎描述不正确的是（　　）。
　　A. 可以使用关键字进行搜索
　　B. 一般都能搜索到相关的信息
　　C. 搜索到的信息不一定是正确的
　　D. 不同搜索引擎搜索的结果是相同的
30. 下列选项中属于多媒体的"媒体"的是（　　）。
　　A. 图像处理软件　　　　　　　　　B. 主机和外设
　　C. 光驱、显卡和音箱　　　　　　　D. 图像、声音和视频

31. 以下哪项不属于计算机的特点(　　)。
    A. 计算精度高　　　B. 存储容量大　　　C. 操作步骤繁杂　　　D. 自动控制
32. 通常情况下,已经发送的电子邮件会自动备份在(　　)。
    A. 草稿箱　　　　　B. 发件箱　　　　　C. 已删除邮件　　　　D. 收件箱
33. 用4位二进制数能表示的颜色种数是(　　)。
    A. 4　　　　　　　 B. 32　　　　　　　C. 16　　　　　　　　D. 8
34. 关于下载文件的描述不正确的是(　　)。
    A. 已下载的文件可以重复下载
    B. 可用杀毒软件检测后再打开
    C. 保存下载文件的路径可指定
    D. 可改变正在下载文件的存储位置
35. 以下全属于多媒体的图像处理软件的是(　　)。
    A. 美图秀秀、ACDSee　　　　　　　　B. 画图、会声会影
    C. Photoshop、Cool Edit　　　　　　 D. PowerPoint、Premiere
36. "亮剑"是一部电影,它不可能的格式是(　　)。
    A. avi　　　　　　 B. mpeg　　　　　　C. wmv　　　　　　　D. wav
37. 下列可以表示为二进制数的一项是(　　)。
    A. 13 020　　　　 B. 1167A　　　　　 C. 12 089　　　　　　D. 10 110
38. 信息技术的发展经历了五次革命,其中第三次革命的标志是(　　)。
    A. 文字的发明　　　　　　　　　　　 B. 造纸和印刷术的发明
    C. 广播、电视的发明　　　　　　　　　D. 计算机的发明
39. 下列不能用于即时聊天的软件是(　　)。
    A. 钉钉　　　　　　B. 阿里旺旺　　　　C. 酷狗　　　　　　　D. 微信
40. 目前各部门广泛使用的人事档案管理、财务管理等软件,按计算机应用分类,属于(　　)。
    A. 过程控制　　　　B. 科学计算　　　　C. 计算机辅助工程　　D. 数据处理
41. 下列不符合网络道德规范的行为是(　　)。
    A. 在微信上不发表虚假内容的言论
    B. 在网络上随意评论他人
    C. 不使用网络上的破解版软件,自己购买正版软件使用
    D. 当引用网络上别人发布的作品时,需要先取得对方的同意
42. 将一个大小为200 GB的视频文件,采用压缩比率为100∶1的标准压缩后,其容量为(　　)。
    A. 200 GB　　　　　B. 100 GB　　　　　C. 2 GB　　　　　　　D. 1 GB
43. 下列属于计算机感染病毒迹象的是(　　)。
    A. 文件被修改,不能正常运行
    B. 装入程序的时间比平时长,运行异常
    C. 设备有异常现象,如显示怪字符、磁盘读不出
    D. 以上都是
44. 在Python中,可用于计算一组数值之和的函数是(　　)。

A. sum()   B. max()   C. min()   D. power()

45. 下列选项中,不属于Python特点的是( )。
   A. 开源   B. 程序可读性好   C. 依赖于特定硬件   D. 面向对象

46. Python语言语句块的标记是( )。
   A. 分号   B. 逗号   C. 缩进   D. #

47. 以下是一段Python程序,它的基本结构属于( )。
   if True:
      a=1
   else:
      a=0
   A. 层次结构   B. 分支结构   C. 顺序结构   D. 循环结构

48. 下列行为中,应用到多媒体技术的是( )。
   A. 和同学面对面聊天
   B. 制作3D电影
   C. 在线翻译英文稿件
   D. 给同学发送电子邮件

49. 电子邮箱地址中"@"后面的内容是指( )。
   A. 邮件服务器域名
   B. 因特网服务提供商
   C. 统一资源定位器
   D. 电子邮箱帐号

50. 扫描仪的功能是( )。
   A. 将光学影像输入计算机存储为视频文件
   B. 将计算机中的图像文件投影到幕布上
   C. 将计算机中的图像文件打印出来
   D. 将印刷材料上的文字、图片扫描输入计算机,存储为图像格式

单项选择题综合训练（八）

1. 在因特网的下列应用中，对带宽要求最高的是（　　）。
   A．语音聊天　　　　　　　　　　B．网上购物
   C．视频点播　　　　　　　　　　D．收发不带附件的邮件
2. 某些病毒发作时，计算机的文件图标被修改，说明计算机病毒具有（　　）。
   A．潜伏性　　　B．可触发性　　　C．传染性　　　D．破坏性
3. 下列关于电子邮件的说法中错误的是（　　）。
   A．你必须先接入 Internet，别人才可以给你发送电子邮件
   B．收件人不必接入 Internet，你也可以给他发送电子邮件
   C．电子邮件从本质上来说就是一个文件
   D．要给别人发邮件必须知道他的 E-Mail 地址
4. 数字媒体是指以（　　）形式记录、处理、传播、获取过程的信息载体。
   A．二进制　　　B．文本　　　C．图像　　　D．视频
5. 下列选项中，不属于虚拟现实技术应用的是（　　）。
   A．军事模拟作战系统　　　　　　B．武器搬运机器人
   C．飞行员仿真培训系统　　　　　D．QQ 宠物
6. 利用计算机集成文字、声音、图像、视频等媒体，体现了信息技术中的（　　）。
   A．多媒体技术应用　　　　　　　B．虚拟技术应用
   C．智能技术应用　　　　　　　　D．网络技术应用
7. 小明想下载一部高清电影，不可以使用的软件是（　　）。
   A．酷狗　　　B．迅雷　　　C．网际快车　　　D．网络蚂蚁
8. URL 地址"http://www.cntv.cn"中的"cntv.cn"表示（　　）。
   A．计算机　　　B．域名　　　C．协议　　　D．文档名
9. 下列选项中，可以在因特网上传输的是（　　）。
   ① 声音　　　② 图像　　　③ 文字　　　④ 快递包裹
   A．①②③　　　B．②③④　　　C．①③④　　　D．①②④
10. 从网址"http://www.fzu.edu.cn"中，可以判断该网站属于（　　）。
    A．政府机构　　　B．商业机构　　　C．教育机构　　　D．军事机构
11. "学业水平考试"6 个汉字内码占用的存储空间是（　　）。
    A．18 Byte　　　B．6 Byte　　　C．24 Byte　　　D．12 Byte
12. 以下属于多媒体主要特点的有（　　）。
    ① 集成性　　　② 交互性　　　③ 数字化　　　④ 广泛性
    A．①②④　　　B．②③④　　　C．①③④　　　D．①②③
13. 由"0"和"1"组成的代码指令组表示的语言是（　　）。
    A．自然语言　　　B．机器语言　　　C．汇编语言　　　D．高级语言
14. 下列选项中，不属于多媒体技术应用的是（　　）。
    A．制作动画　　　　　　　　　　B．玩 3D 游戏
    C．视频在线点播　　　　　　　　D．Excel 表格处理
15. 下列三种语言中，按照对计算机硬件依赖程度从低到高排列顺序正确的是（　　）。

A. 高级语言、汇编语言、机器语言　　　　B. 机器语言、汇编语言、高级语言
C. 高级语言、机器语言、汇编语言　　　　D. 汇编语言、高级语言、机器语言

16. 下列选项中，违反《计算机软件保护条例》的是（　　）。
    A. 使用教学配套的学习光盘
    B. 购买、使用正版软件
    C. 下载安装免费的杀毒软件
    D. 破解正版软件

17. 下列关于遵守网络道德规范的叙述，正确的一项是（　　）。
    A. 在互联网上公布他人的隐私
    B. 在因特网上随意传播不健康的信息
    C. 从网络上复制具有版权的论文
    D. 网络文章合理引用他人的作品时应注明出处

18. 下列选项，属于因特网中实时交流信息的方式有（　　）。
    ① 网络视频会议　　② QQ 视频对话　　③ 电子邮件　　④ 网络调查
    A. ①②　　　　　B. ②③　　　　　C. ③④　　　　　D. ①③

19. 下列关于搜索引擎的说法，不正确的一项是（　　）。
    A. 全文搜索也称为关键词搜索
    B. 目录搜索是将各个网站的信息按主题分类供人们查找
    C. 使用搜索引擎搜索到的信息都可以直接使用
    D. 使用相同的关键词搜索两次，两次的搜索结果不一定相同

20. 某同学使用搜索引擎查找有关熊猫生活习性的资料。对此，最佳搜索关键词是（　　）。
    A. 熊猫　资料　　B. 熊猫　生活习性　C. 熊猫　　　　D. 习性

21. 以下不是多媒体应用的是（　　）。
    A. 电子出版物　　B. 查杀病毒　　　C. 多媒体通信　　D. 视听材料

22. 虚拟的网络社会中也需要有一定的礼仪。下列选项中，符合使用电子邮件礼仪要求的是（　　）。
    A. 查收陌生邮件并回复　　　　　　B. 信件的内容越长越好
    C. 附件容量越大越好　　　　　　　D. 输入邮件主题，呈现邮件主要内容

23. 下列不属于使用网络获取信息的方法是（　　）。
    A. 查询在线数据库　　　　　　　　B. 使用百度查找信息
    C. 拨打客服电话　　　　　　　　　D. 浏览专家博客

24. IE 浏览器中的收藏夹主要用于收藏（　　）。
    A. 经常要浏览的网页地址　　　　　B. 经常使用的收件人地址
    C. 经常要联系的电话号码　　　　　D. 已浏览过的网页地址

25. 当发现计算机系统受到计算机病毒侵害时，应采取的合理措施是（　　）。
    A. 立即对计算机进行病毒检测、杀毒
    B. 立即断开网络，以后不再上网
    C. 重新启动计算机，重装操作系统
    D. 立即删除可能感染病毒的所有文件

26. 当CIH病毒发作时,会覆盖掉硬盘中的大部分数据,这主要体现计算机病毒特征是（　　）。
   A．隐蔽性　　　　B．破坏性　　　　C．可触发性　　　　D．潜伏性
27. 以下不属于信息系统组成元素的是（　　）。
   A．硬件与软件　　B．信息资源　　　C．通信网络　　　　D．价格
28. 计算机存储信息的最小单位是（　　）。
   A．位　　　　　　B．字节　　　　　C．字长　　　　　　D．字
29. OCR表示（　　）。
   A．手绘识别　　　B．语音识别　　　C．光学字符识别　　D．触控识别
30. 二维码属于（　　）码。
   A．数值　　　　　B．英文字符　　　C．汉字字符　　　　D．图形
31. 在多媒体作品中,用户可以实现对信息的主动选择和控制,这主要体现了多媒体技术的（　　）特点。
   A．数字化　　　　B．多样化　　　　C．集成性　　　　　D．交互性
32. 以下属于Andriod系统的可执行文件的是（　　）。
   A．aa.apk　　　　B．aa.exe　　　　C．aa.com　　　　　D．aa.wps
33. 下列文件格式中,属于图像文件格式的是（　　）。
   ① JPEG　　② RTF　　③ HTML　　④ PNG　　⑤ GIF
   A．①④⑤　　　　B．①③④　　　　C．①②④　　　　　D．②③④
34. 查看和编辑网页的HTML代码一般是使用（　　）。
   A．IE8.0　　　　B．记事本　　　　C．Photoshop　　　　D．Excel
35. 以下不属于信息系统的是（　　）。
   A．网络订餐系统　　　　　　　　　B．在线学习系统
   C．电商购物系统　　　　　　　　　D．Windows操作系统
36. 以下不属于网络购物平台的是（　　）。
   A．拼多多　　　　B．天猫　　　　　C．搜狐　　　　　　D．京东
37. 在Python中,运行以下程序后,显示的"#"符号的个数是（　　）。
   i=0
   while i<=9:
   　　print("#")
   　　i=i+3
   A．6　　　　　　　B．5　　　　　　　C．4　　　　　　　　D．3
38. 以下哪组方法可以获取多媒体视频素材（　　）。
   ① 光盘复制　② 网络下载　③ 扫描输入　④ 电视节目录制　⑤ 摄像机拍摄
   A．②③④⑤　　　B．①②③④　　　C．①②④⑤　　　　D．①②③⑤
39. 以下关于信息社会的描述不正确的是（　　）。
   A．社会生活数字化　　　　　　　　B．交易方式电子化
   C．就业方式新型化　　　　　　　　D．生产方式传统化
40. 要保存当前打开的网页上的内容,以下方法不可行的是（　　）。

A．直接将当前网页添加到收藏夹
B．按 Print Screen 键对当前网页截屏
C．使用复制、粘贴的方法保存网页上的文字
D．利用"文件"菜单下的"另存为"命令保存当前网页

41. 以下设备不能用于存储信息的是(　　)。
    A．U 盘　　　　　B．硬盘　　　　　C．移动磁盘　　　　D．显示卡

42. 公安人员为了破获一起抢劫案件,为此他们赶赴现场采访部分目击者。他们最适合携带的信息采集工具是(　　)。
    A．录音笔、扫描仪　　　　　　　　B．录音笔、数码相机
    C．普通相机、笔记本电脑　　　　　D．数码摄像机、打印机

43. 在使用 IE 浏览器浏览网页的过程中,如果单击浏览器工具栏上的"最小化"按钮,将该窗口缩小至任务栏上,这时网页的下载过程将(　　)。
    A．中断　　　　　　　　　　　　　B．继续
    C．暂停　　　　　　　　　　　　　D．速度明显减慢

44. 下列不属于在因特上发布信息的行为是(　　)。
    A．浏览百度新闻　　　　　　　　　B．在微博上发表日志
    C．更新 QQ 空间内容　　　　　　　D．将照片上传到微信朋友圈

45. 计算机网络根据覆盖范围分类,可分为局域网、城域网和(　　)。
    A．互联网　　　　B．校园网　　　　C．广域网　　　　D．无线网

46. 在 Python 语言中,执行以下各项赋值语句后,变量 a 的数据类型为整形的是(　　)。
    A．a='5'　　　　　　　　　　　　B．a=5.0
    C．a=5　　　　　　　　　　　　　D．a=input()(输入 5)

47. 下列属于网络无线传输介质的是(　　)。
    A．电话线　　　　B．红外线　　　　C．双绞线　　　　D．光纤

48. Python 中可以导入 random 模块的语句是(　　)。
    A．input random　B．import random　C．def random　　D．print random

49. 关于 Python 语句的叙述中,正确的是(　　)。
    A．同一层次的 Python 语句必须对齐
    B．Python 语句可以从一行的任意一列开始
    C．Python 程序的每一行只能写一条语句
    D．在执行 Python 语句时,可发现注释中的拼写错误

50. 执行如下 Python 程序后,变量 a 的值是(　　)。
    ```
    a=1
    b=2
    if a:
        a+=b
    else:
        a-=b
    ```
    A．−1　　　　　　B．1　　　　　　　C．2　　　　　　　D．3

单项选择题综合训练(九)

1. 删除光标后面的字符的键盘按键是(　　)。
   A．Delete　　　　B．Backspace　　　　C．Shift　　　　D．PageUp
2. 计算机中存储单位"Byte"表示(　　)。
   A．字节　　　　B．字长　　　　C．位　　　　D．字
3. 文本、数值、图像和声音等信息属于信息系统组成要素中的(　　)。
   A．硬件　　　　B．软件　　　　C．通信方式　　　　D．信息资源
4. 要编辑一个 bmp 格式的文件不可以使用(　　)。
   A．ACDSee　　　　B．Word 2010　　　　C．Photoshop　　　　D．画图程序
5. 以下不属于防火墙功能的是(　　)。
   A．起隔离作用　　　　　　　　　　B．强化网络安全策略
   C．网络流量的分配　　　　　　　　D．网络访问权限的控制
6. 计算机硬件系统分为(　　)。
   A．主机和输出设备　　　　　　　　B．CPU 和存储器
   C．主机和外部设备　　　　　　　　D．CPU 和外部设备
7. 一般情况下按下键盘上的(　　)键,会打开相应的帮助系统。
   A．F10　　　　B．F1　　　　C．F2　　　　D．F8
8. 在 Python 中,表示"a 大于 5 或小于 0"的正确表达式是(　　)。
   A．0<a<5　　　　　　　　　　　　B．a>5 or a<0
   C．a<5 or a>0　　　　　　　　　　D．a>5 and a<0
9. 小朋友在玩玩具汽车时,挡住玩具汽车的去路,而玩具汽车却总是会智能的避让。这种"智能避让"主要是使用了信息技术中的(　　)。
   A．通信技术　　　　B．计算机技术　　　　C．微电子技术　　　　D．传感技术
10. 我国的机器人专家从应用环境出发,将机器人分为两大类,即(　　)和特种机器人。
    A．特殊机器人　　　B．医疗机器人　　　C．工业机器人　　　D．服务机器人
11. 计算机最重要的性能指标是(　　)。
    A．存储容量和显示器尺寸大小　　　　B．刷新频率与主存容量
    C．CPU 的时钟频率和字长　　　　　　D．CPU 运算速度和硬盘容量
12. 计算机中既可以作为输入设备又可以作为输出设备的是(　　)。
    A．键盘　　　　B．显示器　　　　C．磁盘驱动器　　　　D．绘图仪
13. 用计算机进行资料检索工作是属于计算机应用中的(　　)。
    A．科学计算　　　B．数据处理　　　C．实时控制　　　D．人工智能
14. 汉字字库中存储的是汉字的(　　)。
    A．输入码　　　　B．字形码　　　　C．机内码　　　　D．区位码
15. 以下关于主板上总线的说法错误的是(　　)。
    A．总线有数据总线、控制总线、地址总线
    B．总线是连接各部件的一组公共信号线
    C．各部件之间传输数据主要使用数据总线
    D．总线包括串行总线、并行总线和 USB 数据线

16. FTP 是指（　　）。
    A．超媒体文件　　　　　　　　　　B．文件传输协议
    C．超文本传输协议　　　　　　　　D．统一资源定位器
17. 要想在 IE 中看到您最近访问过的网站列表可以（　　）。
    A．单击"后退"按钮　　　　　　　　B．单击"搜索"按钮
    C．单击"收藏"按钮　　　　　　　　D．单击"历史记录"按钮
18. Photoshop 不具有的功能是（　　）。
    A．图像合成　　　B．图片特效处理　　C．导出动画　　D．抠图
19. 以下不属于人工智能的研究领域的是（　　）。
    A．专家系统　　　B．自然语言理解　　C．模式识别　　D．电脑绘图
20. 将收到的邮件转寄给别人，可以使用（　　）。
    A．回复　　　　　B．转发　　　　　　C．发送　　　　D．抄送
21. 当电子邮件在发送过程中有误时,则（　　）。
    A．邮件将丢失
    B．邮局将自动把有误的邮件删除
    C．邮局会将原邮件退回，并给出不能寄达的原因
    D．邮局会将原邮件退回，但不给出不能寄达的原因
22. 计算机网络的功能不包括（　　）。
    A．资源共享　　　B．文件传输　　　　C．数据通信　　D．病毒预防
23. 下列说法不正确的一项是（　　）。
    A．计算机应用最早的领域是数值计算
    B．第一台电子数字计算机称为 ENIAC
    C．正在运行的程序和数据都保存在 CPU 中
    D．计算机存储器中存储的是二进制数
24. 第二代计算机采用的电子器件是（　　）。
    A．晶体管　　　　　　　　　　　　B．中小规模集成电路
    C．电子管　　　　　　　　　　　　D．超大规模集成电路
25. 把资料从本地计算机复制到远程主机上称为（　　）。
    A．下载　　　　　B．上传　　　　　　C．传输　　　　D．运输
26. 以下不属于计算机安全防范措施的是（　　）。
    A．身份认证　　　B．设置指纹密码　　C．数字签名　　D．格式化磁盘
27. 以下关于存储器的说法中不正确的是（　　）。
    A．RAM 表示随机存储器　　　　　　B．ROM 表示只读型存储器
    C．Cahce 表示闪存　　　　　　　　D．所有存储器都具有记忆功能
28. 以下不属于平面设计的是（　　）。
    A．广告宣传单设计　　　　　　　　B．影视编辑
    C．海报展板设计　　　　　　　　　D．艺术照片处理
29. 8G 内存指的是（　　）。
    A．ROM 的容量　　　　　　　　　　B．RAM 的容量
    C．ROM 与 RAM 的容量　　　　　　D．所有存储器的总容量

30. 域名服务器(DNS 服务器)上存放着因特网主机的(　　)。
    A．IP 地址　　　　　　　　　　　B．域名
    C．域名或 IP 地址　　　　　　　　D．域名和 IP 的对照表
31. 下列属于人工智能应用实例的是(　　)。
    A．用画图软件绘制漫画作品
    B．使用手写板进行文字录入
    C．扫描证书保存到计算机中
    D．饮水机根据水温自动加热
32. 计算机内存储器比外存储器(　　)。
    A．可靠性高　　B．价格便宜　　C．存储容量大　　D．读写速度快
33. 信息系统安全防范常用技术中,为了确保信息系统遭受破坏后能迅速恢复数据使用的技术是(　　)。
    A．防火墙　　　B．查毒杀毒　　C．身份认证　　　D．数据备份
34. 计算机的硬件分为五大部件即输入设备、输出设备、运算器、控制器和(　　)。
    A．主板　　　　B．存储器　　　C．CPU　　　　　D．总线
35. 以下有关网络基础知识的说法中不正确的是(　　)。
    A．光纤采用激光通信
    B．互联网只能采用无线传输介质
    C．手机可以利用微波、红外线进行通信
    D．蓝牙设备是一种无线信号发射与接收装置
36. 在 Python 中,表示变量 score 的值不高于 20 的表达式是(　　)。
    A．score<=20　B．score>20　　C．score>=20　　D．score<>20
37. 使用信息技术应该养成规范的操作习惯。以下行为正确的是(　　)。
    A．将同学的隐私告诉网友
    B．在论坛中分享同学的好人好事
    C．擅自修改学校机房计算机设置
    D．私自修改其他同学提交的作业
38. 以下不属于物联网应用领域的是(　　)。
    A．智能物流　　　　　　　　　　　B．智能交通
    C．智能家居　　　　　　　　　　　D．数据分析系统
39. 以下不属于现代通信技术的是(　　)。
    A．无线网络　　B．光纤通信　　C．烽火和狼烟　　D．卫星通信
40. 工业 4.0 纲要强调今后大量使用机器人从事生产作业,表明计算机的发展趋势是(　　)。
    A．巨型化　　　B．人性化　　　C．网络化　　　　D．智能化
41. 小婧同学在网络上点击一幅灯的图片时,灯居然会点亮和发光,说明该图片的文件格式是(　　)。
    A．PNG　　　　B．JPEG　　　　C．GIF　　　　　 D．TIFF
42. 以下软件可用于收发电子的是(　　)。
    A．Internet Explorer　B．Outlook　　C．WinRAR　　　D．Java

43. 为解决某一特定问题而设计的指令序列称为（　　）。
    A．文档　　　　　B．软件　　　　　C．语言　　　　　D．程序
44. 关于杀毒软件，以下说法正确的是（　　）。
    A．不需要升级也可以查杀最新病毒
    B．可以查杀所有计算机病毒
    C．可以查杀所有已知的计算机病毒
    D．可以查杀大部分已知的计算机病毒
45. 运行如下程序段，输出的结果是（　　）。
    a＝1;b＝2
    b＝a
    a＝b
    print(a,b)
    A．1 2　　　　　B．2 1　　　　　C．1 1　　　　　D．2 2
46. 在 Python 中，以下变量名不正确的是（　　）。
    A．3ab　　　　　B．self　　　　　C．int_3　　　　　D．_ab66
47. Python 中执行 print(66!=66)的结果是（　　）。
    A．1　　　　　B．0　　　　　C．True　　　　　D．False
48. b＝[0,2,4,6]，那么 b 的数据类型是（　　）。
    A．整型　　　　　B．字典　　　　　C．列表　　　　　D．字符串
49. 下列 Python 表达式计算的结果为 2.0 的是（　　）。
    A．6/3　　　　　B．5//2　　　　　C．1＊2　　　　　D．5％3
50. 多媒体计算机系统的组成包括（　　）。
    A．CD‑ROM、声卡、音箱
    B．多媒体硬件和多媒体播放器
    C．多媒体输入设备和多媒体输出设备
    D．多媒体硬件系统和多媒体软件系统

单项选择题综合训练（十）

1. 达芬奇机器人是一种高级机器人平台,被应用于泌尿外科、儿童外科等相关手术。这主要体现计算机的应用领域是(　　)。
   A．网络技术　　　B．数据处理技术　　　C．人工智能　　　D．多媒体技术
2. 下列 QQ 密码中最安全的一项是(　　)。
   A．kkk333　　　B．Li*9kA　　　C．1A2b3C　　　D．xiBI88
3. 下列叙述中错误的一条是(　　)。
   A．微型计算机机房湿度不宜过大
   B．微型计算机应避免磁场的干扰
   C．计算机的开机过程是先开外设再开主机
   D．内存容量是指硬盘所能容纳信息的字节数
4. 断电后,所保存的信息会丢失的存储器是(　　)。
   A．RAM　　　B．光盘　　　C．U 盘　　　D．移动磁盘
5. "智慧课堂"系统其实是一种 CAI 方面的应用,CAI 是指(　　)。
   A．远程教育　　　　　　　B．自动化控制系统
   C．计算机辅助设计　　　　D．计算机辅助教学
6. USB 接口不能用于连接(　　)。
   A．键盘　　　B．鼠标　　　C．内存　　　D．打印机
7. 要向网友发送一个图像文件,不可以使用(　　)。
   A．QQ　　　B．微信　　　C．E-mail　　　D．金山画王
8. 按电子计算机的组成元件划分,第一代至第四代计算机依次是(　　)。
   A．模拟计算机,数字计算机,电子管计算机,集成电路计算机
   B．机械式计算机,个人计算机,微型计算机,巨型机
   C．电子管计算机,半导体计算机,集成电路计算机,大规模集成电路计算机
   D．电子管计算机,晶体管计算机,中小规模集成电路计算机,大规模、超大规模集成电路计算机
9. 存储 1 个 16*16 点阵的汉字字型码,占用存储空间是(　　)。
   A．256 B　　　B．32 B　　　C．8 B　　　D．16 B
10. 以下不属于网页超链接的特点的是(　　)。
    A．文字带下划线
    B．文字带特殊颜色
    C．文字带动画效果
    D．鼠标指针指向时指针变成小手形状
11. 将手机设置成便携式热点便于(　　)。
    A．节约带宽　　　B．远程控制　　　C．共享无线上网　　　D．提高网速
12. 能实现计算机记忆功能的部件是(　　)。
    A．输入设备　　　B．运算器　　　C．存储器　　　D．微处理器
13. 以下不属于信息技术的是(　　)。
    A．传感技术　　　B．通信技术　　　C．微电子技术　　　D．勘探技术

14. IE 工具栏上表示刷新的按钮是（　　）。

    A.　　　　　B.　　　　　C.　　　　　D.

15. 在 Python 中,运行下列代码后,a 的值是（　　）。
    ```
    >>>a=8;b=2
    >>>a*=b
    >>>a-=b
    ```
    A. 6　　　　B. 14　　　　C. 16　　　　D. 8

16. 以下有关程序设计语言的说法中不正确的是（　　）。
    A. 机器语言程序运行效率最低
    B. 机器语言是最早出现的程序设计语言
    C. 高级语言程序容易阅读、容易移植
    D. Visual Basic 属于高级程序设计语言

17. 关于随机存储器 RAM 的说法中正确的一项是（　　）。
    A. 只能读不能写　　　　　　　　B. 断电后信息不丢失
    C. 存取速度慢　　　　　　　　　D. 能与 CPU 直接交换信息

18. 以下全是杀毒软件的一组是（　　）
    A. 360 杀毒和金山 WPS　　　　B. 金山词霸和卡巴斯基
    C. 金山毒霸和 OutLook　　　　D. 瑞星和江民 KV300

19. 下列全属于数字图像采集工具的是（　　）。
    A. 扫描仪、绘图仪　　　　　　　B. 扫描仪、数码相机
    C. 手写板、智能手机　　　　　　D. 数码相机、键盘

20. 下列计算机应用项目中,属于数值计算应用领域的是（　　）。
    A. 专家系统　　B. 情报检索　　C. 天气预报　　D. 文字处理

21. 在计算机内存中要存放 1024 个 ASCII 码字符,需要占用的存储空间是（　　）。
    A. 1KB　　　　B. 1TB　　　　C. 1MB　　　　D. 1GB

22. CGA、EGA、VGA 是计算机哪种硬件的规格和性能的标志（　　）。
    A. 打印机　　　B. 显示器　　　C. 存储器　　　D. 麦克风

23. 某学校网络中心路由器被雷击,导致网络瘫痪。这属于信息系统安全风险中的（　　）。
    A. 人为因素　　B. 操作疏忽　　C. 系统漏洞　　D. 自然灾害

24. 下列有关存储器存取速度的比较,正确的是（　　）。
    A. RAM＞Cache＞硬盘＞U 盘　　　B. Cache＞RAM＞硬盘＞U 盘
    C. Cache＞硬盘＞RAM＞U 盘　　　D. RAM＞硬盘＞U 盘＞Cache

25. 手机触摸屏的手写识别属于人工智能应用中的（　　）。
    A. 图像识别　　B. 光学字符识别　　C. 模式识别　　D. 声音识别

26. 以下关于保护个人隐私的说法,错误的是（　　）。
    A. 不随意向网友泄露自己的私密信息
    B. 网络用户加强自律,增强自我保护
    C. 警惕面对别人监听、窥探自己的隐私
    D. 随意将个人的私密信息发布到网络空间、相册

27. Internet 上每个网站都有一个符号化的网址,称为( )。
    A．IP 地址　　　　　B．URL　　　　　　C．邮件地址　　　　D．物理地址
28. 以下不属于 Internet 服务的是( )。
    A．信息查询　　　　B．在线听歌　　　　C．数据通信　　　　D．货物快递
29. 以下不能采集到音频数据的设备是( )
    A．话筒　　　　　　B．录音笔　　　　　C．扬声器　　　　　D．麦克风
30. 关于计算机病毒的叙述中,不正确的是( )。
    A．装有杀毒软件的计算机就不会感染病毒
    B．计算机病毒会伪装成正常程序而不容易被发现
    C．计算机病毒寄生在正常的程序中具有潜伏性
    D．计算机病毒通过不断自我复制传染给正常的计算机
31. 以下不属于人工智能中计算机视觉应用的是( )。
    A．语音识别　　　　B．图像识别　　　　C．虹膜识别　　　　D．人脸识别
32. 以下属于 Windows 系统可执行文件类型的是( )。
    A．com　　　　　　B．exe　　　　　　C．dat　　　　　　D．A 与 B 项
33. 下列属于视频采集工具的是( )。
    A．液晶电视　　　　B．投影机　　　　　C．录音机　　　　　D．数码摄像机
34. 人工智能的核心是( )。
    A．数据　　　　　　B．算法　　　　　　C．软件　　　　　　D．硬件
35. 以下汉字输入方法中没有用到人工智能技术的是( )。
    A．手写输入　　　　B．语音输入　　　　C．光学识别输入　　D．键盘输入
36. 与位图相比,矢量图的优点是( )。
    A．图像存储空间大　　　　　　　　　　B．色彩丰富
    C．容易制作色彩变化多的图像　　　　　D．放大不影响图像的显示质量
37. 下列智能手机操作中,属于人工智能技术应用范畴的是( )。
    A．通过 APP 购买电影票　　　　　　　B．收发电子邮件
    C．查询本人会考成绩　　　　　　　　　D．设置指纹密码
38. 在 Python 中,运行下列代码后,显示的结果是( )。
    ```
    >>>a=13;b=7
    >>>a%=b
    >>>a//2
    ```
    A．6　　　　　　　　B．6.5　　　　　　C．3　　　　　　　D．3.0
39. 以下说法不正确的是( )。
    A．用 Windows 附件下"录音机"录制的文件,其默认格式是 wma
    B．用 Windows 附件下"画图"制作的文件,其默认格式是 png
    C．用 Windows 附件下"记事本"编写的文件,其默认格式是 txt
    D．用 Windows 附件下"截图工具"截取图片的文件,其默认格式是 doc
40. 在网络上,上传、下载文件使用的协议是( )。
    A．HTTP　　　　　　B．TCP/IP　　　　　C．FTP　　　　　　D．SMTP
41. 视频文件能播放活动的画面、声音及字幕等,这主要体现了多媒体技术的( )。

A．集成性特征　　　　B．交互性特征　　　　C．实时性特征　　　　D．数字化特征

42. 多媒体计算机要处理声音，电脑必须具备的硬件是（　　）。
    A．网卡　　　　　　B．视频采集卡　　　　C．声卡　　　　　　D．网卡

43. 下列属于多媒体设备的是（　　）。
    A．交换机　　　　　B．电话机　　　　　　C．光驱　　　　　　D．Modem

44. 按照冯·诺依曼的观点，计算机由五大部分组成，它们是（　　）。
    A．CPU、运算器、存储器、输入/输出设备
    B．控制器、运算器、存储器、输入/输出设备
    C．CPU、控制器、存储器、输入/输出设备
    D．CPU、存储器、输入/输出设备、外围设备

45. Internet中某一主机域名为：lab.scut.edu.cn，其中最高级域名部分为（　　）。
    A．lab　　　　　　 B．scut　　　　　　　C．edu　　　　　　 D．cn

46. 在Python中，把一个字符变为小写的函数是（　　）。
    A．upper()　　　　 B．lower()　　　　　 C．len()　　　　　　D．str()

47. 将数学表达式a÷b转化为Python表达式是（　　）。
    A．a÷b　　　　　　B．a/b　　　　　　　 C．a//b　　　　　　D．a%b

48. 在Python中，以下属于常量的是（　　）。
    A．a+b　　　　　　B．abc　　　　　　　 C．"20"　　　　　　D．int(a)

49. 以下程序段运行时，分别输入12和4，则程序的运行结果是（　　）。
    a=int(input("a="))
    b=int(input("b="))
    c=a+b
    print(a,"+",b,"=",c)
    A．12+4=16　　　　B．a+b=16　　　　　 C．a+b=c　　　　　D．16

50. 运行以下程序段，输出的结果是（　　）。
    s=0
    for i in range(3):
    　　s=s+i
    print(s)
    A．3　　　　　　　 B．4　　　　　　　　 C．5　　　　　　　　D．6

综合模拟测验

综合模拟测验（一）

一、单选题（20 道题 20 分）

1. 计算机断电后，数据会全部丢失的存储器是（　　）。
   A．硬盘　　　　　　B．U 盘　　　　　　C．ROM　　　　　　D．RAM
2. 计算机辅助设计的英文缩写是（　　）。
   A．CAM　　　　　　B．CAT　　　　　　C．CAD　　　　　　D．CAI
3. 下列不属于多媒体主要特性的是（　　）。
   A．交互性　　　　　B．集成性　　　　　C．普通性　　　　　D．多样性
4. 在微信中使用语音输入，体现了人工智能的技术是（　　）。
   A．光学识别　　　　B．人脸识别　　　　C．指纹识别　　　　D．声音识别
5. 下列无助于信息安全的行为是（　　）。
   A．安装杀毒软件　　　　　　　　　　　B．定期更换密码
   C．随意打开链接　　　　　　　　　　　D．安装防火墙
6. 人工智能简称为（　　）。
   A．AV　　　　　　　B．VR　　　　　　　C．AU　　　　　　　D．AI
7. 下列不是信息社会的发展趋势的是（　　）。
   A．人工智能　　　　B．信息孤岛　　　　C．大数据　　　　　D．云计算
8. 下列关于智能机器人的描述，不正确的是（　　）。
   A．智能机器人可以从事高危作业
   B．智能机器人可以代替人的所有工作
   C．智能机器人可以实现人机对话
   D．智能机器人可以从事无人驾驶
9. 计算机能直接识别的语言是（　　）。
   A．机器语言　　　　B．高级语言　　　　C．汇编语言　　　　D．自然语言
10. 按机器人产品类别划分，焊接机器人属于（　　）。
    A．医疗服务机器人　　　　　　　　　　B．公共服务机器人
    C．工业机器人　　　　　　　　　　　　D．家用服务机器人
11. 下列不会传播计算机病毒的是（　　）。
    A．U 盘　　　　　　B．键盘　　　　　　C．网盘　　　　　　D．硬盘
12. 下列四个选项中属于 Python 实型常量的是（　　）。
    A．*2035*　　　　　B．"20.35"　　　　　C．2035　　　　　　D．20.35
13. 下列关于 USB 接口的描述不正确的是（　　）。
    A．连接设备时必须关闭电源　　　　　　B．连接设备方便快捷
    C．兼容性强　　　　　　　　　　　　　D．USB3.0 的速度比 USB2.0 快

14. 一个字节占用的二进制位数是（　　）。
　　A．16位　　　　　　B．4位　　　　　　C．2位　　　　　　D．8位
15. 下列关于大数据特点的描述,不正确的是（　　）。
　　A．数据价值密度小　　　　　　　　B．数据规模大
　　C．数据类型多　　　　　　　　　　D．数据处理速度慢
16. 计算机网络技术包括计算机技术和（　　）。
　　A．多媒体技术　　　　　　　　　　B．传感技术
　　C．通信技术　　　　　　　　　　　D．电子技术
17. 下列属于视频文件格式的是（　　）。
　　A．.avi　　　　　　B．.docx　　　　　C．.py　　　　　　D．.pptx
18. 未经允许侵入他人计算机系统的人,被称为（　　）。
　　A．网络管理员　　　B．程序员　　　　　C．IT精英　　　　　D．黑客
19. 因特网服务提供商的英文缩写为（　　）。
　　A．AI　　　　　　　B．DNS　　　　　　C．ISP　　　　　　D．IT
20. 下列关于个人隐私的描述,正确的是（　　）。
　　A．可以利用网络盗取别人的个人隐私
　　B．在网络中随意发布个人的私密信息
　　C．不随意向他人泄露自己的个人隐私
　　D．随意告诉他人上网的用户名和密码

二、**操作题**（9道题 80分）

21. Windows7 基础操作

（1）在"xysp01\39"文件夹下创建名为"kjcx"的文件夹；

（2）将"xysp01\39\GRAME"文件夹中的"YA"文件夹复制到"xysp01\39\Methods"文件夹中；

（3）删除"xysp01\39\TSWork"文件夹中的"tswf.xsd"文件；

（4）将"xysp01\39"文件夹下的"zheng.fdf"文件设置成只读属性；

（5）将"xysp01\39"文件夹下的文件"test.xsd"更名为"ks.xsd"；

（6）将"xysp01\39"文件夹下的文件"serpt.txt"和"kstest.txt"移动到"xysp01\39\EAPHost"文件夹下。

22. 网络应用

打开Internet Explorer浏览器,完成下面的操作：

（1）访问福建省湄洲湾职业技术学校网站"http://www.fjmzx.com",将网页网址添加到收藏夹中,名称为"湄洲湾职校"；

（2）下载"学校介绍"→"学校简介"→"福建省湄洲湾职业技术学校简介"的内容,以"mzyzx.txt"作为文件名保存到"xysp01\63"文件夹下。

23. WPS Office 2019 之文字的应用

打开"xysp01\86"文件夹中的文档"wz01.docx",进行以下操作并保存（操作结果参考"xysp01\86\样张.png"）。

（1）设置页边距：上、下各2.8厘米,左、右各3.2厘米；

(2) 将标题文字格式设为：微软雅黑、一号、加粗、倾斜、紫色、居中对齐；

(3) 给正文 1 至 4 段设置项目符号"●"；

(4) 设置正文 5 至 7 段首行缩进 2 个字符，行距为固定值 18 磅；

(5) 将正文 5 至 6 段分成两栏，栏间距 3 个字符，并添加分隔线；

(6) 正文最后一段设置下划线为紫色、双波浪线；

(7) 在文档末尾插入一个 3 行 3 列的表格，将第 1 列 3 个单元格合并，设置表格所有边框线为紫色；

(8) 操作完成后直接保存，并关闭 WPS。

24. WPS Office 2019 之表格的应用

打开"xysp01\57"文件夹中的文件"table01.xlsx"，进行以下操作并保存（操作结果参考"xysp01\57\样张.png"）。

(1) 将 A1:F1 单元格合并居中，设置字体为"微软雅黑"，字号为 18，颜色为"蓝色"；

(2) 用公式法计算出所有学生的"总分"，总分＝平时＊0.3＋期中＊0.2＋期末＊0.5；

(3) 将单元格区域 A2:F14 的对齐方式设为水平居中；

(4) 设置单元格区域 F3:F14 数字分类为"数值"，不保留小数位；

(5) 选择单元格区域 A2:F14，根据关键字"总分"降序排序；

(6) 利用条件格式的"突出显示单元格规则"将 F3:F14 中"大于或等于 79"的总分设置为"浅红填充色深红色文本"；

(7) 设置单元格区域 A2:F14 外边框为双实线，内部为细单实线；

(8) 操作完成后直接保存，并关闭 WPS。

25. WPS Office 2019 之演示的应用

打开"xysp01\70"文件夹下的文件"演示文稿 01.pptx"进行以下操作后并保存。

(1) 在第一张幻灯片的标题中键入"大红袍"，并设置为：微软雅黑、加粗、72 磅、红色；

(2) 所有幻灯片的背景设置为纯色填充中的"绿色"；

(3) 将第二张幻灯片中图片的动画效果设置为：进入动画"缓慢进入"，"之后"开始；

(4) 将幻灯片的切换效果设置成"溶解"，应用于全部幻灯片；

(5) 操作完成后直接保存，并关闭 WPS。

26. 电子邮箱

使用账号：ks202201，密码：xysp123，登陆 163 网页邮箱，完成下面的操作：

给王庆喜(abc2022206@163.com)发送一封电子邮件，邮件主题："图片"，邮件内容："资料图片"，并将图片"xysp01\78\xwg.png"以附件的形式发给王庆喜；将收件箱中主题为"演讲稿"的邮件删除。

27. Python 程序填空

用 Python 编辑器打开"xysp01\15"文件夹中的"ks2.py"文件。该文件程序实现的功能是：求 1＋2＋3＋4＋…＋100 的值，并输出结果。进行以下操作并保存。

(1) 在指定位置修改完善程序代码，请不要删除〈1〉和〈2〉以外的任何代码；

(2) 编写完成后保存文件，并关闭 Python 编辑器。

28. Python 程序填空

用 Python 编辑器打开"xysp01\30"文件夹中的"ksl.py"文件。该文件程序实现的功能是：已知有两个数，计算这两个数平方的和，并输出结果。进行以下操作并保存。

(1) 在指定位置修改完善程序代码,请不要删除〈a〉以外的任何代码;
(2) 编写完成后保存文件,并关闭 Python 编辑器。

29. 打字题

　　福州市,简称"榕",别称榕城,是福建省省会,国务院批复确定的海峡西岸经济区中心城市之一、滨江滨海生态园林城市。全市总面积 11 968 平方千米。截至 2020 年 11 月 1 日,福州市常住人口约为 829 万人。

综合模拟测验(二)

一、单选题(20道 20分)

1. 下列关于信息社会道德的描述,不正确的是(   )。
   A. 利用网络与人交流也要文明、友善、诚信
   B. 不随意转发未经认证的信息,不发布虚假信息
   C. 网络交友要增强保护意识,不随意约会网友
   D. 在虚拟的网络社会发布任何信息都不受法律约束

2. 人脸识别的关键技术是(   )。
   A. 语音识别   B. 机器学习
   C. 生物特征识别   D. 自然语言处理

3. 信息不泄露给未经授权的个人、实体,体现信息安全的(   )。
   A. 完整性   B. 可用性   C. 真实性   D. 保密性

4. 下列关于信息安全的描述,正确的是(   )。
   A. 信息安全问题可能来自网络
   B. 信息安全问题是固定不变的
   C. 信息安全问题都是人为的
   D. 信息安全问题可以彻底解决

5. 下列不属于图片格式的是(   )。
   A. JPG   B. TXT   C. BMP   D. GIF

6. 下列关于机器人的描述,正确的是(   )。
   A. 机器人是一种自动化机器
   B. 机器人具备人的所有能力
   C. 机器人可以适应任何环境
   D. 机器人是操作机器的人

7. 下列关于计算机病毒的叙述,不正确的是(   )。
   A. 计算机病毒可能影响应用程序的运行速度
   B. 计算机病毒可通过U盘进行传播
   C. 计算机病毒与流感病毒一样都是生物病毒
   D. 杀毒软件往往要升级之后才能查杀新型病毒

8. 按机器人产品类别划分,航拍无人机属于(   )。
   A. 医疗服务机器人   B. 公共服务机器人
   C. 工业机器人   D. 家用服务机器人

9. 下列关于获取多媒体图像素材的描述,不正确的是(   )。
   A. 从数码相机中获取   B. 从视频中截取
   C. 从音频中获取   D. 从图片上获取

10. 下列属于输入设备的是(   )。
    A. 麦克风   B. 绘图仪   C. 打印机   D. 显示器

11. 美国信息交换标准码指的是(   )。

A. ECD 码　　　　　B. 汉字外码　　　　C. ASCII 码　　　　D. 汉字内码

12. 计算机中最小的数据存储单位是(　　)。

A. 字节　　　　　　B. 字长　　　　　　C. 字　　　　　　　D. 位

13. 下列存储器中,读写速度最快的是(　　)。

A. 内存　　　　　　B. 光盘　　　　　　C. U 盘　　　　　　D. 硬盘

14. 计算机内部用来传送、存储、加工处理数据或指令都是采用(　　)。

A. 二进制　　　　　B. 十进制　　　　　C. 八进制　　　　　D. 十六进制

15. 计算机存储容量单位中,1 GB 等于(　　)。

A. 1000 * 1000 B　　　　　　　　　　B. 1024 * 1024 B

C. 1024 * 1024 * 1024 B　　　　　　D. 1000 * 1000 * 1000 B

16. 文件传输协议的简称是(　　)。

A. HTTP　　　　　B. POP3　　　　　C. FTP　　　　　　D. SMTP

17. 下列依次为二进制数、八进制数和十六进制数的是(　　)。

A. 12,77,10　　　　B. 12,80,10　　　　C. 11,76,1E　　　　D. 11,78,19

18. 在计算机网络中,防火墙的主要作用是(　　)。

A. 将内部网络和外部网络隔离　　　　B. 防火、防雷

C. 抗电磁干扰　　　　　　　　　　　D. 查杀计算机病毒

19. 下列不正确的 Python 赋值语句是(　　)。

A. b="小明"　　　B. 12=c　　　　　　C. a=20　　　　　　D. d=a+20

20. 执行 Python 赋值语句"a=1;a=2;a=3",最后 a 的值为(　　)。

A. 3　　　　　　　　B. 4　　　　　　　　C. 2　　　　　　　　D. 1

二、操作题(9 道题 80 分)

21. Windows7 基础操作

(1) 在"xysp02\44\education"文件夹中创建名为"edu.txt"的文本文件;

(2) 在"xysp02\44"文件夹下删除名为"keet"的文件夹;

(3) 将"xysp02\44\mike"文件夹中名为"boot.docx"的文件设置成只读属性;

(4) 为"xysp02\44\pigeon"文件夹中名为"ab.pptx"的文件重命名为"be.pptx";

(5) 将"xysp02\44"文件夹下名为"hua.xlsx"的文件移动到"xysp02\44\pigeon"文件夹中;

(6) 将"xysp02\44\ate"文件夹中名为"doke.docx"的文件复制到"xysp02\44\moon"文件夹中。

22. 网络应用

在 Internet Explorer 浏览器中进行如下设置:

(1) 将主页设置为"http://www.fjstgc.com";

(2) 设置网页在历史记录中保存 10 天。

23. WPS Office 2019 之文字的应用

打开"xysp02\83"文件夹中的文档"wz02.docx",进行以下操作并保存(操作结果参考"xysp02\83\样张.png")。

(1) 设置页边距:上、下各 2.7 厘米,左、右各 3.2 厘米;

(2) 设置标题文字格式为:微软雅黑、三号、加粗、倾斜、蓝色,居中对齐;

(3) 将文中所有"love"替换成"爱";

(4) 将正文各段首行缩进 2 字符,行距设为固定值 18 磅;

(5) 将正文第 1 段的段落间距设为段前、段后各 0.5 行;

(6) 将正文第 2 至 3 段分成两栏,栏间距 3 个字符,并添加分隔线;

(7) 在文档末尾插入一个 4 行 4 列的表格,最后一行底纹设为蓝色;

(8) 操作完成后直接保存,并关闭 WPS。

24. WPS Office 2019 之表格的应用

打开"xysp02\50"文件夹中的文件"table02.xlsx",进行以下操作并保存(操作结果参考"xysp02\50\样张.png")。

(1) 将 A1:D1 单元格合并居中,设置字体为"微软雅黑",字号为 16,颜色为"红色";

(2) 将单元格区域 A2:D11 字号设为 12 磅,A 列到 D 列的列宽设为 20 字符;

(3) 将表格中的所有内容设置为"水平居中";

(4) 将单元格区域 A2:A11 文字颜色设为"蓝色",给单元格区域 B2:D11 填充"浅蓝色"背景;

(5) 设置单元格区域 A2:D11 外边框为双实线、内边框为细单实线;

(6) 在表格下方插入图表,数据源是"日期"和"收盘价(元)",图表类型是"折线图";

(7) 插入工作表 Sheet2,并放在 Sheet1 后面;

(8) 操作完成后直接保存,并关闭 WPS。

25. WPS Office 2019 之演示的应用

打开"xysp02\71"文件夹下的文件"演示文稿 02.pptx",进行以下操作后并保存;

(1) 在第一张幻灯片的标题中键入"诗词一首",并设置为:加粗、72 磅、深蓝色;

(2) 所有幻灯片的背景设置为纹理填充中的"纸纹 2";

(3) 将第二张幻灯片中图片的动画效果设置为:进入动画"飞入","之后"开始;

(4) 将幻灯片的切换效果设置成"切出",应用于全部幻灯片;

(5) 操作完成后直接保存,并关闭 WPS。

26. 电子邮箱

注册邮箱:打开 163 邮箱网站,注册一个 163 电子邮箱。注册账号:ks202202,注册密码:xysp123。注册完后用注册的账号和密码登录 163 邮箱。并给刘国庆(liuguoqing@126.com)发送一封邮件,邮件主题:"新邮件",邮件内容:"我的新邮箱"。

27. Python 程序填空

用 Python 编辑器打开"xysp02\16"文件夹中的"ks2.py"文件。该文件程序实现的功能是:求 10!=1×2×3×4×…×10 的值,并输出结果。进行以下操作并保存。

(1) 在指定位置修改完善程序代码,请不要删除〈1〉和〈2〉以外的任何代码;

(2) 编写完成后保存文件,并关闭 Python 编辑器。

28. Python 程序填空

用 Python 编辑器打开"xysp02\25"文件夹中的"ksl.py"文件。该文件程序实现的功能是:从键盘输入两个数,计算两个数的差,并输出结果。进行以下操作并保存。

(1) 在指定位置修改完善程序代码,请不要删除〈b〉以外的任何代码;

(2) 编写完成后保存文件,并关闭 Python 编辑器

29. 打字题

我国应急产业每年产值规模可保持20%左右的增长速度。据悉,自2010年以来,中央财政共投入72亿元,地方政府和依托企业投入30多亿元,配套了1万多套"国内一流、国际领先"的先进适用新型救援装备。

综合模拟测验(三)

一、单选题(20 道题 20 分)

1. 显示器最主要的性能指标是(　　)。
   A．颜色　　　　　　B．大小　　　　　　C．分辨率　　　　　　D．厚度
2. 高速公路上的不停车收费系统(ETC)主要体现了人工智能应用领域的(　　)。
   A．智能安防　　　　B．智能制造　　　　C．智能教育　　　　　D．智能交通
3. 下列不属于计算机病毒特点的是(　　)。
   A．传染性　　　　　B．免疫性　　　　　C．破坏性　　　　　　D．潜伏性
4. 信息技术中,传感技术主要用于(　　)。
   A．传输信息　　　　B．处理信息　　　　C．采集信息　　　　　D．储存信息
5. 为保护网络信息安全,2017 年 6 月 1 日我国正式颁布了(　　)。
   A．《中华人民共和国网络安全法》
   B．《中华人民共和国密码法》
   C．《中华人民共和国未成年人保护法》
   D．《中华人民共和国计算机信息系统安全保护条例》
6. 下列合法的 Python 变量名是(　　)。
   A．m2　　　　　　　B．"ab"　　　　　　C．for　　　　　　　D．a♯c
7. 下列软件中属于应用软件的是(　　)。
   A．ios　　　　　　　B．Android　　　　　C．windows　　　　　D．wps
8. CPU 的主频单位是(　　)。
   A．MIPS　　　　　　B．GHz　　　　　　　C．Mbps　　　　　　　D．MB
9. 下列关于获取多媒体视频素材的描述,不正确的是(　　)。
   A．从摄像机中获取　　　　　　　　　　　B．从视频中截取
   C．从麦克风中获取　　　　　　　　　　　D．从网上获取
10. 下列不属于音频文件格式的是(　　)。
    A．mid　　　　　　B．mp3　　　　　　　C．tif　　　　　　　D．wav
11. 下列不会导致计算机感染病毒的行为是(　　)。
    A．从键盘上输入文字　　　　　　　　　　B．打开来历不明的网站
    C．使用外来的 U 盘　　　　　　　　　　D．从网络上下载程序
12. 下列可能是八进制数的是(　　)。
    A．3E　　　　　　　B．20　　　　　　　　C．18　　　　　　　　D．19
13. 按机器人产品类别划分,手术机器人属于(　　)。
    A．公共服务机器人　　　　　　　　　　　B．工业机器人
    C．医疗服务机器人　　　　　　　　　　　D．家用服务机器人
14. 下列使用画图程序不能保存的文件类型是(　　)。
    A．txt　　　　　　　B．gif　　　　　　　C．tif　　　　　　　D．jpg
15. 键盘上"插入"与"改写"状态切换的按键是(　　)。
    A．Backspace　　　　B．Enter　　　　　　C．Delete　　　　　　D．Insert

16. U 盘通常是插在计算机的（　　）。
　　A．USB 接口　　　B．COM 接口　　　C．PS/2 接口　　　D．RJ45 接口
17. Python 源代码文件的后缀名是（　　）。
　　A．py　　　　　　B．jpg　　　　　　C．xlxs　　　　　　D．docx
18. 防止外部网络的攻击，应安装（　　）。
　　A．办公软件　　　B．防火墙　　　　C．杀毒软件　　　　D．网管软件
19. 因特网（Internet）提供的网页浏览服务是（　　）。
　　A．Telnet　　　　B．WWW　　　　　C．FTP　　　　　　D．E-mail
20. 计算机网络最早应用于（　　）。
　　A．军事　　　　　B．办公　　　　　　C．购物　　　　　　D．教育

二、操作题（9 道题 80 分）

21. Windows7 基础操作
(1) 在"xysp03\37"文件夹下创建名为"BFK"的文件夹；
(2) 将"xysp03\37\WC"文件夹下的所有文件复制到"BFK"文件下；
(3) 删除"xysp03\37\EAPM"文件夹下的"eaptls.xsd"文件；
(4) 将"xysp03\37\WKYP"文件夹下的所有文件移动到"xysp03\37"文件夹中；
(5) 将"xysp03\37"文件夹下的文件"text.obj"设为只读属性；
(6) 将"xysp03\37"文件夹下的文件"ts.xsd"改名为"ks.xsd"。

22. 网络应用
在 Internet Explorer 浏览器中进行如下设置：
(1) 将主页设置为"http://www.jjhqzx.cn"；
(2) 设置关闭浏览器时清空 Internet 临时文件。

23. WPS Office 2019 之文字的应用
打开"xysp03\80"文件夹中的文档"wz03.docx"，进行以下操作并保存（操作结果参考"xysp03\80\样张.png"）。
(1) 设置标题文字格式为：黑体、一号、倾斜、加粗、橙色、居中对齐；
(2) 设置正文各段首行缩进 2 字符、段前间距 0.5 行；
(3) 设置正文第一段首字下沉 2 行；
(4) 将正文第 3、4 段设为等宽两栏，栏间距为 2 字符，并添加分隔线；
(5) 在页眉处添加文字"爱的篇章"、居中对齐；
(6) 在文档末尾插入一个 3 行 4 列的表格；
(7) 将表格最后一行所有单元格合并，设置底纹为橙色；
(8) 操作完成后直接保存，并关闭 WPS。

24. WPS Office 2019 之表格的应用
打开"xysp03\50"文件夹中的文件"table03.xlsx"，进行保以下操作并存（操作结果参考"xysp03\50\样张.png"）。
(1) 将 A1:F1 单元格合并居中；
(2) 设置合并后的 A1 单元格字体为"微软雅黑"，字号为 20，颜色为"红色"，填充"黄色"背景；

(3) 在单元格区域 A3:A12 完成"编号"的自动填充；

(4) 用公式计算出总价(总价＝单价＊册数)；

(5) 将单元格区域 F3:F12 的数字分类设为"货币",小数位保留 2 位,货币符号用"￥"；

(6) 将工作表中的数据以"图书类别"为关键字,升序排序；

(7) 将工作表中的数据分类汇总,分类字段为"图书类别",汇总方式为"求和",汇总项为"总价"；

(8) 操作完成后直接保存,并关闭 WPS。

25. WPS Office 2019 之演示的应用

打开"xysp03\69"文件夹下的文件"演示文稿 03.pptx",进行以下操作后并保存。

(1) 在第一张幻灯片的标题中键入"红茶",并设置为:微软雅黑、加粗、60 磅、红色；

(2) 所有幻灯片的背景设置为纹理填充中的"水"；

(3) 将第二张幻灯片中的图片动画效果设置为:进入动画"浮动"、"单击时"开始；

(4) 将幻灯片的切换效果设置成"新闻快报",应用于全部幻灯片；

(5) 操作完成后直接保存,并关 WPS。

26. 电子邮箱

使用账号:ks202203,密码:xysp123,登陆 163 网页邮箱,完成下面的操作:

给李建军(lijianjun@sina.com)发送一封电子邮件,邮件主题:"材料",邮件内容:"空间站新闻稿",并将"xysp03\76"文件夹中的"xwg.png"和"空间站新闻稿.docx"以附件的形式发送给李建军。

27. Python 程序填空

用 Python 编辑器打开"xysp03\23"文件夹中的"ks2.py"文件。该文件程序实现的功能是:绘制一个边长为 200 像素的蓝色等边三角形。进行以下操作并保存。

(1) 在指定位置修改完善程序代码,请不要删除〈1〉和〈2〉以外的任何代码；

(2) 编写完成后保存文件,并关闭 Python 编辑器。

28. Python 程序填空

用 Python 编辑器打开"xysp03\25"文件夹中的"ksl.py"文件。该文件程序实现的功能是:已知三门课程成绩,计算其平均分,并输出结果。进行以下操作并保存。

(1) 在指定位置修改完善程序代码,请不要删除〈c〉以外的任何代码；

(2) 编写完成后保存文件,并关闭 Python 编辑器。

29. 打字题

生活,是柴米油盐的平淡；是早出晚归的奔波；是悲欢离合阴晴圆缺的遗憾；是行至水穷尽时的柳暗花明；是经历痛苦后的笑容；是经受挫折坎坷后的坚强；是走遍万水千山后,一笑百媚的潇洒。

综合模拟测验(四)

一、单选题(20 道 20 分)

1. 信息技术中,通信技术主要用于( )。
   A. 存储信息　　　B. 采集信息　　　C. 传输信息　　　D. 处理信息
2. CPU 要使用外存储器中的信息,应先将其调入( )。
   A. 微处理器　　　B. 内存储器　　　C. 控制器　　　　D. 运算器
3. Python 语言属于( )。
   A. 汇编语言　　　B. 自然语言　　　C. 高级语言　　　D. 机器语言
4. 下列不属于信息安全方面的法律、法规的是( )。
   A.《中华人民共和国密码法》
   B.《中华人民共和国未成年人保护法》
   C.《中华人民共和国计算机信息系统安全保护条例》
   D.《中华人民共和国网络安全法》
5. IPv4 地址中每个字节之间的分隔符是( )。
   A. *　　　　　　B. .　　　　　　C. /　　　　　　D. :
6. 目前计算机应用最广泛的领域是( )。
   A. 科学计算　　　B. 人工智能　　　C. 过程控制　　　D. 数据处理
7. 下列不是计算机性能主要指标的是( )。
   A. CPU 字长　　　B. CPU 主频　　　C. USB 接口　　　D. 内存容量
8. 计算机网络的主要功能是( )。
   A. 资源共享和数据通信　　　　　　B. 过程控制和人工智
   C. 远程控制和即时通信　　　　　　D. 资源管理和文件传输
9. 计算机存储单位中,用大写英文字母 B 表示( )。
   A. 字长　　　　　B. 字　　　　　　C. 二进制位　　　D. 字节
10. 下列关于计算机网络的描述,不正确的是( )。
    A. 计算机网络技术包括计算机技术和通信技术
    B. 一台计算机也可以组成一个网络
    C. 网络通信必须遵循相关的协议
    D. 计算机网络包括网络硬件和网络软件
11. 在因特网上,每台主机都有唯一的地址,该地址由纯数字组成并用小数点分开,称为( )。
    A. IP 地址　　　B. 域名　　　　　C. TCP 地址　　　D. 计算机名
12. 下列关于 Python 语言特点的描述,不正确的是( )。
    A. Python 语言是一种面向对象的解释型程序设计语言
    B. Python 语言是一种简单易学、免费、开源的语言
    C. Python 语言是一种低级语言
    D. Python 语言是一种可跨平台的程序设计语言
13. 二进制数 110 化为十进制数是( )。

A．4　　　　　　　B．8　　　　　　　C．5　　　　　　　D．6
14. 下列顶级域名中表示教育机构的是（　　）。
A．net　　　　　　B．cn　　　　　　C．gov　　　　　　D．edu
15. 下列不正确的Python赋值语句是（　　）。
A．2a＝5　　　　　B．a＝a＋1　　　　C．a＝int(b)　　　　D．a＝b－10
16. 自动调整十字路口的红绿灯时长，体现了人工智能在（　　）。
A．智能家居的应用　　　　　　　　　B．智能交通的应用
C．智能安防的应用　　　　　　　　　D．智能制造的应用
17. 下列主要应用大数据技术的是（　　）。
A．电子邮件　　　B．八闽健康码　　　C．远程桌面　　　D．文件传输
18. URL 表示（　　）。
A．网络位置　　　B．网络协议　　　C．统一资源定位器　　D．网站域名
19. 人为编制的具有破坏性的特殊程序称为（　　）。
A．生物病毒　　　B．系统漏洞　　　C．杀毒程序　　　D．计算机病毒
20. 下列关于维护信息安全的描述，正确的是（　　）。
A．维护信息安全只是维护国防安全
B．维护信息安全是每个公民应尽的义务
C．维护信息安全只是国家层面的事，与个人无关
D．维护信息安全只是维护企业的隐私安全

二、操作题（9道题80分）

21. Windows7 基础操作

(1) 在"xysp04\36"文件夹下创建名为"test"的文件夹；

(2) 将"xysp04\36"文件夹下的"ks"文件夹复制到"xysp04\36\play"文件夹中；

(3) 删除"xysp04\36\bk"文件夹中的"SO.FOR"文件；

(4) 将"xysp04\36"文件夹下的"close.xml"更名为"ts.xml"；

(5) 将"xysp04\36"文件夹下的文件"a1.xls"和"a2.ads"移动到"xysp04\36\excel"文件夹下；

(6) 将"xysp04\36"文件夹下的文件"sreter.xml"和"FXSEXT.ecf"进行压缩，压缩文件名为"bf.rar"，并存放在"xysp04\36"文件夹下。

22. 网络应用

打开 Internet Explorer 浏览器，完成下面的操作：

(1) 访问三明林业学校网站"http://www.fjsmlyxx.com"，将学校概况栏目下学校简介内容的图片（图一至图四中任选一张）下载到"xysp04\35"文件夹下，文件名为"三明林校.jpg"；

(2) 将网页网址添加到收藏夹中，名称为"三明林校"。

23. WPS Office 2019 之文字的应用

打开"xysp04\79"文件夹中的文档"wz04.doc"，进行以下操作并保存（操作结果可参考"xysp04\79\样张.png"）。

(1) 设置页边距：上、下、左、右各为3厘米；

(2) 将标题文字格式设为：黑体、二号、加粗，并居中对齐；

(3) 将标题文字颜色设为红色，加双下划线；

(4) 正文所有文字设为：四号，行间距为固定值 22 磅；

(2) 给正文所有段落设置项目符号"➢"；

(6) 将正文第三、四段分为 2 栏，并添加分隔线；

(7) 在文档末尾插入一个 3 行 4 列的表格，设置外边框为红色双实线，内边框为红色单实线；

(8) 操作完成后直接保存，并关闭 WPS。

24. WPS Office 2019 之表格的应用

打开"xysp04\54"文件夹中的文件"table04.xlsx"，进行以下操作并保存（操作结果可参考"xysp04\54\样张.png"）。

(1) 将 A1:H1 单元格合并居中；

(2) 设置合并后的 A1 单元格字体为"微软雅黑"，字号为 18，颜色为"红色"，填充"黄色"背景；

(3) 在单元格区域 A3:A12 完成学号的自动填充；

(4) 用函数计算出总分和平均分，设置单元格区域 H3:H12 的数字分类为"数值"，小数位保留 2 位；

(5) 将单元格区域 A2:H12 的所有框线设置为"双实线"；

(6) 用自动筛选的方式，筛选出所有平均分大于 80 分的男生记录；

(7) 将工作表 Sheet2 删除；

(8) 操作完成后直接保存，并关闭 WPS。

25. WPS Office 2019 之演示的应用

打开"xysp04\66"文件夹下的文件"演示文稿04.pptx"，进行以下操作后并保存。

(1) 设置第一张幻灯片的文本为：蓝色、华文行楷、32 磅；

(2) 将第二张幻灯片的文本的文字方向设置为：竖排；

(3) 将第三张幻灯片中文本的动画效果设置为：进入动画为"盒状"、"之后"开始；

(4) 将幻灯片的切换效果设置成"向右上插入"，应用于全部幻灯片；

(5) 操作完成后直接保存，并关闭 WPS。

26. 电子邮箱

使用账号：abc2022208，密码：xysp123，登陆 163 网页邮箱，完成下面的操作：

(1) 接收主题为"新歌声"的邮件，下载附件以"第一期.mp3"作为文件名，保存在"xysp04\35"文件夹中；

(2) 将收件箱中主题为"新歌声"的邮件转移到"草稿箱"中。

27. Python 程序填空

用 Python 编辑器打开"xysp04\14"文件夹中的"ks2.py"文件。该文件程序实现的功能是：求 $1+1/2+1/3+1/4+\cdots+1/10$ 的值，并输出结果。进行以下操作并保存。

(1) 在指定位置修改完善程序代码，请不要删除〈1〉和〈2〉以外的任何代码；

(2) 编写完成后保存文件，并关闭 Python 编辑器。

28. Python 程序填空

用 Python 编辑器打开"xysp04\29"文件夹中的"ksl.py"文件。该文件程序实现的功能是:从键盘输入一门功课成绩,判断其及格(大于等于60)还是不及格(小于60),并输出结果。进行以下操作并保存。

(1) 在指定位置修改完善程序代码,请不要删除⟨d⟩以外的任何代码;

(2) 编写完成后保存文件,并关闭 Python 编辑器。

29. 打字题

日光岩俗称"岩仔山",别名"晃岩",相传1641年,郑成功来到晃岩,看到这里的景色胜过日本的日光山,便把"晃"字拆开,称之为"日光岩"。站在日光岩山门处,看到一块高40多米的巨岩,凌空而立。

综合模拟测验(五)

一、单选题(20道 20分)

1. 下列不属于网上购物平台的是( )。
   A. 人民网　　　　B. 淘宝　　　　C. 拼多多　　　　D. 京东
2. 指纹识别的关键技术是( )。
   A. 机器学习　　　　　　　　B. 语音识别
   C. 生物特征识别　　　　　　D. 自然语言处理
3. 黑客对互联网传输的数据进行窃听,破坏了信息安全的( )。
   A. 保密性　　　　B. 完整性　　　　C. 连续性　　　　D. 可用性
4. 下列表示计算机存储容量单位的是( )。
   A. GB　　　　　B. GHz　　　　　C. Mb/s　　　　　D. MIPS
5. 代数式 a×b 在 Python 中的表达式为( )。
   A. a**b　　　　B. a×b　　　　C. ab　　　　D. a*b
6. Photoshop 软件的主要功能是( )。
   A. 玩游戏　　　　B. 看电子书　　　　C. 图形图像处理　　　　D. 听音乐
7. 以下属于信息的物理安全措施的是( )。
   A. 防雷　　　　B. 防病毒　　　　C. 数据加密　　　　D. 防假冒
8. 下列主要应用大数据技术的是( )。
   A. 电子邮件　　　　　　　　B. 文件下载
   C. 百度导航　　　　　　　　D. WPS 表格数据处理
9. 被誉为"人工智能之父"的科学家是( )。
   A. 香农　　　　　　　　　　B. 图灵
   C. 冯·诺依曼　　　　　　　D. 约翰·麦卡锡
10. 下列属于合法的 IP 地址是( )。
    A. 240;10;172;16　　　　　B. 18.10.192.29
    C. 202.101.100　　　　　　D. 180.191.2.256
11. 计算机的主机不包括( )。
    A. 运算器　　　　B. 内存储器　　　　C. 显示器　　　　D. 控制器
12. 下列字符的 ASCII 码最大的是( )。
    A. 空格　　　　B. D　　　　C. d　　　　D. 9
13. 随着信息技术的不断发展,信息系统已应用到社会生活的各个领域。下列属于信息系统的是( )。
    A. 图书销售系统　　　　　　B. Flash 动画制作软件
    C. 物理实验操作演示　　　　D. Photoshop 图像处理软件
14. 下列软件中属于系统软件的是( )。
    A. 360 杀毒　　　B. winRAR　　　C. excel 2016　　　D. windows 10
15. 下列关于防火墙的描述,不正确的是( )。
    A. 使用防火墙可以在一定程度上阻挡黑客的攻击

B．使用防火墙可以阻止外网对内网进行未授权的访问
C．使用防火墙可以增强网络的安全性
D．防火墙主要用于防御计算机病毒

16. 大数据起源于( )。
   A．互联网　　　　B．电信　　　　C．教育　　　　D．金融
17. 以下没有用到传感器的是( )。
   A．手持扫描仪　　B．红外测温仪　　C．听诊器　　　D．打印机
18. 以下网络传输介质中属于有线类的是( )。
   A．微波　　　　　B．红外线　　　　C．双绞线　　　D．激光
19. 下列关于关系运算符的叙述,错误的是( )。
   A．x！＝y 表示判断 x 是否不等于 y　　B．x＜y 表示判断 y 是否大于 x
   C．x＜＝y 表示判断 x 是否不大于 y　　D．x＝y 表示判断 x 是否等于 y
20. 按机器人产品类别划分,扫地机器人属于( )。
   A．工业机器人　　　　　　　　　　　B．家用服务机器人
   C．特种机器人　　　　　　　　　　　D．公共服务机器人

二、操作题(9 道题 80 分)

21. Windows7 基础操作
(1) 在"xysp05\37"文件夹下创建名为"Kaosi"的文件夹；
(2) 将"xysp05\37"文件夹下的"kkss"文件夹复制到"xysp05\37\llks"文件夹中；
(3) 删除"xysp05\37\bkfo"文件夹中的"java.txt"文件；
(4) 将"xysp05\37"文件夹下的"uper.old"更名为"shutdown.old"；
(5) 将"xysp05\37"文件夹下的"pbl.wps"和"pb2.wps"移动到"xysp05\37\wps"文件夹下；
(6) 将"xysp05\37"文件夹下的"bf.rar"文件解压到"xysp05\37"文件夹下。

22. 网络应用
打开 Internet Explorer 浏览器,完成下面的操作：
(1) 访问晋兴职业中专学校网站"http://www.jjjxzx.cn",在"学校概况"→"校园风光"栏目下任选一张图片,以"xyfg.jpg"为文件名,保存到"xysp05\78"文件夹下；
(2) 将网页网址添加到收藏夹中,名称为"晋兴职专"。

23. WPS Office 2019 之文字的应用
打开"xysp05\80"文件夹中的文档"wz05.docx",进行以下操作并保存(操作结果可参考"xysp05\80\样张.png")。
(1) 设置页边距：左、右各 35 毫米；
(2) 设置标题文字格式为：华文细黑、一号、加粗、浅绿色,水平居中；
(3) 设置正文各段首行缩进 2 字符,最后一段设置下划线：浅绿色双波浪线；
(4) 将正文第 2、3 段设为两栏,栏间距 3 个字符,并添加分隔线；
(5) 在页眉处添加文字"爱的教育"；
(6) 在文档末尾插入一个 3 行 4 列的表格；
(7) 设置表格所有单元格水平居中,所有边框为浅绿色双实线(第 1 种双实线线型)；
(8) 操作完成后直接保存,并关闭 WPS。

24. WPS Office 2019 之表格的应用

打开"xysp05\52"文件夹中的文件"table05.xlsx",进行以下操作并保存(操作结果参考"xysp05\52\样张.png")。

(1) 将 A1:G1 单元格合并居中,字体为"微软雅黑",字号为 18,颜色为"红色";

(2) 完成单元格区域 A3:A14 产品编号的自动填充;

(3) 将 A 至 F 列的列宽设为 10 字符;

(4) 在单元格区域 G3:G14 用公式(月平均销售额=销售数量*销售价格/6)计算出各产品下半年的"月平均销售额",数字分类为"数值",不保留小数位;

(5) 将 A2:G14 单元格的对齐方式设为水平居中;

(6) 将单元格区域 A2:G14 以"销售地区"为关键字升序排序;

(7) 将工作表中的数据分类汇总,分类字段为"销售地区",汇总方式为"求和",汇总项为"月平均销售";

(8) 操作完成后直接保存,并关闭 WPS。

25. WPS Office 2019 之演示的应用

打开"xysp05\62"文件夹下的"演示文稿 05.pptx",进行以下操作后并保存。

(1) 在第一张幻灯片的标题中键入"礼仪与修养",并设置为:红色、黑体、66 磅;

(2) 将第二张幻灯片的文本的文字方向设置为:竖排;

(3) 将第三张幻灯片中文本的动画效果设置为:进入动画为"百叶窗"、方向为"垂直"、"之后"开始;

(4) 将幻灯片的切换效果设置成"盒状收缩",应用于全部幻灯片;

(5) 操作完成后直接保存,并关闭 WPS。

26. 电子邮箱

使用账号:ks202204,密码:xysp123,登陆 163 网页邮箱,完成下面的操作:

在通讯录中新添加一个联系人,姓名:刘先锋,电子邮箱地址:abc2022206@163.com;将收件箱中主题为"演讲稿"的邮件删除。

27. Python 程序填空

用 Python 编辑器打开"xysp05\22"文件夹中的"ks2.py"文件。该文件程序实现的功能是:从键盘输入一个圆的半径给变量 r(实数),计算该圆的面积($s=π×r^2$),并输出结果。进行以下操作并保存。

(1) 在指定位置修改完善程序代码,请不要删除〈1〉和〈2〉以外的任何代码;

(2) 编写完成后保存文件,并关闭 Python 编辑器。

28. Python 程序填空

用 Python 编辑器打开"xysp05\32"文件夹中的"ks1.py"文件。该文件程序实现的功能是:绘制一个半径为 100 像素的蓝色的圆。进行以下操作并保存。

(1) 在指定位置修改完善程序代码,请不要删除〈e〉以外的任何代码;

(2) 编写完成后保存文件,并关闭 Python 编辑器。

29. 打字题

相传铁树的生长发育需要土壤中有铁成分供应,如果它生长情况不好,在土壤中加入一些铁粉,就能使它恢复健康。有些人干脆把铁钉直接钉入铁树的体内,也能起到很好的效果。或许,这便是铁树名称的由来吧!

综合模拟测验（六）

一、单选题（20道 20分）

1. 老师利用在线课堂给学生上课，其采用的主要技术是（　　）。
   A．人工智能技术　　　　　　　　　B．网络技术
   C．自动化技术　　　　　　　　　　D．虚拟现实技术
2. 计算机软件系统中的核心软件是（　　）。
   A．图像处理软件　　　　　　　　　B．文字处理软件
   C．操作系统　　　　　　　　　　　D．数据库管理系统
3. 计算机的 CPU 和内存条通常都是安装在（　　）。
   A．主板上　　　B．显示器上　　　C．键盘上　　　D．硬盘上
4. 乘坐飞机时通过人脸识别获得旅客信息，这个过程属于（　　）。
   A．数据加工　　B．数据采集　　　C．数据整理　　D．数据通信
5. 物联网中使用的传感器，主要用于（　　）。
   A．存储信息　　　　　　　　　　　B．传递信息
   C．采集和转换信息　　　　　　　　D．加工和处理信息
6. 信息系统的安全因素不包括（　　）。
   A．黑客攻击　　　　　　　　　　　B．操作系统有漏洞
   C．安装和使用正版软件　　　　　　D．信息处理环节存在不安全的因素
7. 射频识别技术（RFID）提供了非接触识别技术。下列应用了射频识别技术的事例是（　　）。
   ① 公交卡　　　② 个人名片　　　③ 二代身份证　　　④ 校徽
   A．①④　　　　B．①③　　　　C．②④　　　　D．②③
8. 以下不属于人工智能技术中生物特征识别技术的是（　　）。
   A．图像识别　　B．指纹识别　　　C．虹膜识别　　D．人脸识别
9. 下列可以对图片进行处理的软件是（　　）。
   A．Photoshop　　　　　　　　　　 B．记事本
   C．Windows Media Player　　　　　D．写字板
10. 下列不属于图片格式的是（　　）。
    A．jpg　　　　B．zip　　　　　C．png　　　　D．gif
11. 下面应用中，包含人工智能技术应用的是（　　）。
    ① 无人驾驶　　② 刷脸支付　　③ 鼠标画图　　④ 清洁机器人
    A．②③④　　　B．①②③　　　 C．①②④　　　D．①③④
12. 在网络时代，网络系统安全尤为重要。下列不属于保障网络安全的措施是（　　）。
    A．访问控制　　B．加密通信　　　C．增加带宽　　D．架设防火墙
13. 下列关于大数据特点的描述，不正确的是（　　）。
    A．数据处理速度快　　　　　　　　B．数据价值密度高
    C．数据花样多　　　　　　　　　　D．数据规模大
14. 已知"b"的 ASCII 码值的十进制数是98，则"e"的 ASCII 码值的十进制数是（　　）。

A. 99　　　　　　B. 102　　　　　　C. 100　　　　　　D. 101

15. 某同学从网上下载一篇文章,将作者名字改为自己的名字后上交给老师,这种行为属于(　　)。
   A. 节省做作业时间　　　　　　　　B. 可以有相同观点
   C. 可减轻学习负担　　　　　　　　D. 侵犯他人著作权

16. 在 Python 中,下列赋值语句正确的是(　　)。
   A. _s*2="student"　　　　　　　　B. x+y="student"
   C. ab88="student"　　　　　　　　D. 88nm="student"

17. 随着信息技术的不断发展,信息系统已应用到社会生活的各个领域。下列属于信息系统的是(　　)。
   A. 化学实验操作演示　　　　　　　B. Excel 表格处理软件
   C. Word 文字处理软件　　　　　　 D. 校园一卡通系统

18. 某校数字校园网络服务器受黑客攻击,大量文件被非法加密。这主要属于信息系统应用安全风险中的(　　)。
   A. 硬件因素　　　B. 自然灾害　　　C. 经济因素　　　D. 人为因素

19. 在计算机程序设计语言的发展历程中,c++语言属于(　　)。
   A. 高级语言　　　B. 通用语言　　　C. 机器语言　　　D. 汇编语言

20. 在 Python 语言中,执行"int(14.5)"函数后的结果是(　　)。
   A. 14　　　　　　B. 145　　　　　　C. 14.5　　　　　　D. 15

二、操作题(9 道题 80 分)

21. Windows7 基础操作

(1) 在"xysp06\40"文件夹下创建名为"CYK"的文件夹;

(2) 将"xysp06\40"文件夹下的"config.txt"更名为"ks.txt";

(3) 删除"xysp06\40"文件夹下的"Host"文件夹;

(4) 将"xysp06\40"文件夹下的"CN"文件夹复制到"xysp06\40\ABC"文件夹中;

(5) 将"xysp06\40"文件夹下的"RTG.doc"和"kstest.txt"移动到"xysp06\40\TXT"文件夹下;

(6) 将"xysp06\40"文件夹下的"Space"文件夹进行压缩,压缩文件名为"KS.RAR"的文件,并存放在"xysp06\40"文件夹下。

22. 网络应用

在 Internet Explorer 浏览器中进行如下设置:

(1) 将主页设置为"http://www.hakczz.com";

(2) 设置安全等级为"中"。

23. WPS Office 2019 之文字的应用

打开"xysp06\84"文件夹中的文档"wz06.doc",进行以下操作并保存(操作结果可参考"xysp06\84\样张.png")。

(1) 设置标题文字格式为:华文楷体、一号、加粗、浅绿色、水平居中;

(2) 标题文字的突出显示颜色为"蓝色";

(3) 将文字所有"sun"替换成"太阳",颜色为红色;

(4) 为正文第 3 段文字设置浅蓝色波浪线(第 2 种波浪线)下划线；

(5) 在页眉处添加文字"海上日出"，左对齐；

(6) 在文档末尾插入一个 4 行 5 列的表格；

(7) 将表格第一行所有单元格合并，设置底纹为橙色；

(8) 操作完成后直接保存，并关闭 WPS。

24. WPS Office 2019 之表格的应用

打开"xysp06\52"文件夹中的文件"table06.xlsx"，进行以下操作并保存(操作结果参考"xysp06\52\样张.png")。

(1) 将单元格 A1:G1 合并居中；

(2) 设置合并后的 Al 单元格字体为"微软雅黑"，加粗，字号为 18；

(3) 将 2 至 12 行的行高设为 24 磅；

(4) 将 A 至 G 列的列宽设为 12 字符；

(5) 用公式计算住房公积金和实发工资，住房公积金＝基本工资 * 0.12，实发工资＝基本工资＋奖金－住房公积金；

(6) 设置单元格区域 D3:G12 的数字分类为"货币"型，小数位保留 2 位，货币符号用"￥"；

(7) 用条件格式下的"突出显示单元格规则"将 G3:G12 中实发工资大于 8000 的单元格设置为"浅红填充色深红色文本"；

(8) 操作完成后直接保存，并关闭 WPS。

25. WPS Office 2019 之演示的应用

打开"xysp06\66"文件夹下的文件"演示文稿 06.pptx"，进行以下操作后并保存。

(1) 在第一张幻灯片的标题中键入"双一流大学"，并设置为：蓝色、仿宋体、60 磅；

(2) 将第三张幻灯片中文本的动画效果设置为：进入动画为"擦除"、方向为"自顶部"、"之后"开始；

(3) 将幻灯片的切换效果设置成"纵向棋盘式"，应用于全部幻灯片；

(4) 设置幻灯片的放映选项为"循环放映，按 ESC 键终止"；

(5) 操作完成后直接保存，并关闭 WPS。

26. 电子邮箱

使用账号：ks202201，密码：xysp123，登陆 163 网页邮箱，完成下面的操作：

打开主题为"开会"的邮件进行阅读，并下载附件，以默认的文件名保存到"xysp06\55"文件夹下；将该邮件转发给李爱国(liaiguo@163.com)。

27. Python 程序填空

用 Python 编辑器打开"xysp06\14"文件夹中的"ks2.py"文件。该文件程序实现的功能是：从键盘中输入年龄 16，则输出"猜对了！"，否则输出"猜错了！"。进行以下操作并保存。

(1) 在指定位置修改完善程序代码，请不要删除⟨1⟩和⟨2⟩以外的任何代码；

(2) 编写完成后保存文件，并关闭 Python 编辑器。

28. Python 程序填空

用 Python 编辑器打开"xysp06\29"文件夹中的"ksl.py"文件。该文件程序实现的功能是：从键盘输入一个正数，计算其平方根，并输出结果。进行以下操作并保存。

(1) 在指定位置修改完善程序代码，请不要删除⟨f⟩以外的任何代码；

(2)编写完成后保存文件,并关闭 Python 编辑器。

29. 打字题

空气质量(Air quality)反映了空气污染程度,它是依据空气中污染物浓度的高低来判断的。"负氧离子"浓度是空气质量好坏的标志之一,当空气中负氧离子浓度高于每立方厘米 1000 个～1500 个时,才能称得上是"清新空气"。

综合模拟测验(七)

一、单选题(20 道 20 分)

1. 计算机存储容量单位中,1 TB 等于( )。
   A．1024 GB   B．1024 MB   C．1024 KB   D．1024 B
2. 以下属于视频文件格式的是( )。
   A．mp3   B．wma   C．mpg   D．tif
3. 下列属于计算机网络主要功能的是( )。
   ① 资源共享　② 视频编辑　③ 数据通信　④ 提高处理速度
   A．①④   B．②③   C．①③   D．②④
4. 下列属于合法的 Python 变量名的是( )。
   A．z_p   B．12ab   C．True   D．a♯c
5. 将十进制数 19 转换为二进制数等于( )。
   A．10101   B．10011   C．10110   D．10001
6. 下列关于汇编语言特征的描述,正确的是( )。
   A．接近于自然语言   B．可以直接被计算机执行
   C．采用助记符号表示   D．用二进制数编写程序
7. 下列全属于操作系统的是( )。
   A．Android、ios   B．WPS、鸿蒙(HarmonyOS)
   C．WebZip、windows 10   D．Photoshop、MAC OS
8. 下列存储器中,其数据只能读出、不能写入的是( )。
   A．U 盘   B．ROM   C．RAM   D．硬盘
9. 下列计算机接口中,可以进行带电"插拔"操作的是( )。
   A．COM   B．LPT   C．PCI   D．USB
10. 下列属于自觉遵守信息安全行为规范的是( )。
    A．随意破解他人的计算机密码   B．通过网络入侵他人的计算机
    C．不随意修改他人的信息资源   D．未经许可使用他人信息资源
11. 以下不属于互联网应用的是( )。
    A．百度导航   B．美团外卖   C．滴滴打车   D．编辑文稿
12. 闪存卡属于( )。
    A．输入设备   B．输出设备   C．外存   D．内存
13. 以下不符合《全国青少年网络文明公约》的行为是( )。
    A．通过微信交流学习   B．在网络上谩骂他人
    C．通过网络浏览新闻   D．通过美团订餐
14. 小刘打开手机中安装的"快拍二维码"软件,扫描识别某商品的条形码,获取了它的价格、生产厂家等信息。这主要应用的技术是( )。
    A．机器翻译   B．智能代理   C．模式识别   D．计算机博弈
15. 下列不属于人工智能技术应用的是( )。
    A．双向翻译系统 B．手写输入汉字 C．文件加密   D．语音识别

16. 宇航员在地面利用太空舱练习太空行走,其采用的主要技术是(   )。
    A. 网络技术   B. 数据库技术
    C. 虚拟现实技术   D. 人工智能技术
17. 大数据处理流程顺序一般是(   )。
    A. 数据采集与预处理→数据挖掘→数据存储→数据呈现
    B. 数据采集与预处理→数据存储→数据挖掘→数据呈现
    C. 数据存储→数据采集与预处理→数据呈现→数据存储
    D. 数据挖掘→数据采集与预处理→数据存储→数据呈现
18. 计算机的运算速度主要取决于(   )。
    A. CPU 主频   B. 硬盘容量
    C. CPU 芯片型号   D. 显示器分辨率
19. 近几年来,物联网应用越来越广泛。物联网应用中射频识别技术(RFID)的功能是(   )。
    A. 采集转换信息   B. 自动识别物品
    C. 存储数据   D. 拍摄物品
20. 执行如下 Python 代码后,输出的结果是(   )。
    ```
    >>>a=3
    >>>b=5
    >>>c=a*b%2
    >>>print(c)
    ```
    A. 0   B. 7.5   C. 7   D. 1

二、操作题(9 道题 80 分)

21. Windows7 基础操作

(1) 在"xysp07\39"文件夹下创建名为"物联网"的文件夹;

(2) 将"xysp07\39\SHOPLP"文件夹中的"电商"文件夹复制到"xysp07\39\Methods"文件夹中;

(3) 删除"xysp07\39\TSWork"文件夹中的"tswf.eps"文件;

(4) 将"xysp07\39"文件夹下的"zheng.fdf"文件设置成只读属性;

(5) 将"xysp07\39"文件夹下的"test.xsd"更名为"ks.xsd";

(6) 将"xysp07\39"文件夹下的"tourle.rtf"和"shop.ppt"移动到"xysp07\39\EAPHost"文件夹下。

22. 网络应用

在 Internet Explorer 浏览器中进行如下设置:

(1) 访问网站"http://www.fjgm.net",将校徽以"logo.png"作为文件名,保存在"xysp07\55"文件夹下;

(2) 设置安全等级为"高"。

23. WPS Office 2019 之文字的应用

打开"xysp07\90"文件夹中的文档"wz07.docx",进行以下操作并保存(操作结果可参考"xysp07\90\样张.png")。

(1) 设置页边距：上、下、左、右各为 2 厘米；

(2) 将标题文字格式设为：黑体、小二，并居中对齐；

(3) 设置正文所有文字格式为：小四号；首行缩进 2 字符、行间距为 1.5 倍行距；

(4) 将正文第二段文字"飞船最大直径约 3.35 米，发射质量不大于 13 吨。"加细单下划线；

(5) 将正文第三段文字"主要任务："格式设为：红色、加粗、突出显示为黄色；

(6) 将正文最后三段设置项目符号"◇"；

(7) 在文档末尾插入一个 4 行 4 列的表格，并将第一行四个单元格合并，设置表格所有边框为红色；

(8) 操作完成后直接保存，并关闭 WPS。

24. WPS Office 2019 之表格的应用

打开"xysp07\48"文件夹中的文件"table07.xlsx"，进行以下操作并保存（操作结果可参考"xysp07\48\样张.png"）。

(1) 将单元格区域 A1:F1 合并居中，设置字体为"楷体"，"加粗"，字号为 18；

(2) 完成单元格区域 A3:A12 中编号的自动填充；

(3) 将 A 至 F 列的列宽设为 16 字符；

(4) 用公式计算每种水果的进货总额（进货总额＝进货总量＊进货单价）；

(5) 设置单元格区域 F3:F12 的数字分类为"货币"，小数位保留 2 位，货币符号用"￥"；

(6) 在表格下方插入图表，数据源为"品种"和"进货总额（元）"，图表类型为簇状柱形图；

(7) 将工作表 Sheet2 删除；

(8) 操作完成后直接保存，并关闭 WPS。

25. WPS Office 2019 之演示的应用

打开"xysp07\68"文件夹下的文件"演示文稿07.pptx"，进行以下操作后并保存。

(1) 在第一张幻灯片的标题中键入"唐诗精选"，并设置为：加粗、44 磅、蓝色；

(2) 所有幻灯片的背景设置为纹理填充中的"水"；

(3) 将第二张幻灯片中图片动画效果设置为：进入动画"扇形展开"、"之后"开始；

(4) 将幻灯片的切换效果设置成"3 根轮辐"，应用于全部幻灯片；

(5) 操作完成后直接保存，并关闭 WPS。

26. 电子邮箱

使用账号：ks202205，密码：xysp123，登陆 163 网页邮箱完成下面的操作：

给李建军(lijianjun@sina.com)发送一封邮件，邮件主题："聚餐"，邮件内容："周末聚餐"；发送完成后，将收件人添加到通讯录，姓名为"李建军"。

27. Python 程序填空

用 Python 编辑器打开"xysp07\17"文件夹中的"ks2.py"文件。该文件程序实现的功能是：从键盘输入一个非零的数，判断其是正数还是负数，并输出结果。进行以下操作并保存。

(1) 在指定位置修改完善程序代码，请不要删除〈1〉和〈2〉以外的任何代码；

(2) 编写完成后保存文件，并关闭 Python 编辑器。

28. Python 程序填空

用 Python 编辑器打开"xysp07\29"文件夹中的"ksl.py"文件。该文件程序实现的功能是：从键盘输入一个圆的半径给变量 r，计算该圆的周长（$c=2\pi r$），并输出结果。进行以下操作并保存。

（1）在指定位置修改完善程序代码，请不要删除⟨g⟩以外的任何代码；

（2）编写完成后保存文件，并关闭 Python 编辑器。

29. 打字题

三人篮球起源于美国街头黑人孩子的三对三斗牛赛，2017 年 6 月 9 日，国际奥林匹克委员会官方宣布，三人篮球正式成为奥运比赛项目。三人篮球最高组织机构是国际篮球联合会，成立于 1932 年 6 月 18 日，总部设于瑞士尼永；中国的最高组织机构是中国篮球协会，1956 年 10 月成立于北京。

综合模拟测验(八)

一、单选题(20道 20分)

1. 计算机用于工业模型设计对应的应用领域是(　　)。
   A．科学计算　　　B．过程控制　　　C．数据处理　　　D．辅助设计
2. 信息系统安全防范常用技术中,用于构建网络之间保护屏障的技术是(　　)。
   A．灾难恢复　　　B．数据还原　　　C．防火墙　　　　D．数据备份
3. 打印机分辨率的单位是(　　)。
   A．dpi　　　　　B．MIPS　　　　　C．bps　　　　　　D．MHz
4. 决定计算机运算速度的指标是(　　)。
   A．存储器大小　　　　　　　　　　B．CPU主频
   C．CPU制作工艺　　　　　　　　　D．显示器分辨率
5. 以下不属于人工智能应用的是(　　)。
   A．指纹识别　　　B．视频聊天　　　C．手写识别　　　D．人脸识别
6. 专业术语"IT"代表(　　)。
   A．信息技术　　　B．人工智能　　　C．虚拟现实　　　D．量子通信
7. 下列选项中,属于计算机输入设备的有(　　)。
   ① 扫描仪　　② 鼠标　　③ 显示器　　④ 键盘
   A．①②③　　　　B．①③④　　　　C．②③④　　　　D．①②④
8. 关于键盘上的按键,以下说法不正确的是(　　)。
   A．〈Enter〉是回车键表示换行或确认
   B．〈CapsLock〉是大写字母锁定键
   C．〈Delete〉是删除键,删除插入点前面的字符
   D．〈Shift〉叫换档键,可以输入大写字母或上档字符
9. 以下选项中不属于网络空间应用的是(　　)。
   A．微博　　　　　B．钉钉　　　　　C．QQ空间　　　　D．博客
10. 学校办公室的打印机、扫描仪等设备,通过网络供其他部门共同使用。这体现了计算机网络在信息系统中的主要作用是(　　)。
    A．资源共享　　　B．数据传输　　　C．数据管理　　　D．智能控制
11. 在Python中,以下语句不合法的是(　　)。
    A．x＝y＝z　　　　　　　　　　　B．x,y＝y,x
    C．x＋＝y　　　　　　　　　　　 D．z＝(y＝x＋2)
12. 信息社会是指(　　)。
    A．一种虚拟的社会　　　　　　　　B．以工业为主导的社会
    C．以信息活动为基础的社会　　　　D．全面实现小康的社会
13. 下列选项中不属于数字媒体技术特点的是(　　)。
    A．数字化　　　　B．艺术性　　　　C．交互性　　　　D．单一性
14. 用矢量图描绘图像的特点是(　　)。
    A．色彩逼真　　　　　　　　　　　B．占用空间大

C．易于处理　　　　　　　　　　　　D．放大后不失真

15. 汽车装配机器人属于（　　）。
   A．工业机器人　　　　　　　　　　B．娱乐机器人
   C．家用服务机器人　　　　　　　　D．公用服务机器人
16. 下列主要用于在因特网上交流信息的是（　　）。
   A．Word　　　　B．E-mail　　　　C．FTP　　　　D．迅雷
17. 信息安全技术包括（　　）。
   A．身份验证　　B．数据加密　　　C．设置防火墙　　D．以上均是
18. 信息传输过程中被病毒篡改、破坏或删除，这破坏了信息安全属性的（　　）。
   A．完整性　　　B．保密性　　　　C．可控性　　　　D．不可否认性
19. 在列表 m 中，元素 m[2] 表示第（　　）个元素。
   A．1　　　　　B．2　　　　　　C．3　　　　　　D．4
20. 以下不属于常用身份验证方式的是（　　）。
   A．密码验证　　　　　　　　　　　B．姓名验证
   C．生物特征验证　　　　　　　　　D．智能卡、门禁卡等信任物验证

二、操作题（9道题 80分）

21. Windows7 基础操作

（1）在"xysp08\47"文件夹下创建名为"漳州"和"莆田"的两个文件夹；

（2）在"xysp08\47"文件夹中删除名为"宁德.txt"的文件；

（3）将"xysp08\47\福州\闽侯"文件夹中名为"上街.xlsx"的文件重命名为"南屿.xlsx"；

（4）将"xysp08\47\厦门\同安"文件夹中名为"翔安.rar"的文件复制到"xysp08\47\zz"文件夹中；

（5）将"xysp08\47\龙岩"文件夹中名为"漳平.pptx"的文件移动到"xysp08\47\QZ"文件夹中；

（6）将"xysp08\47"文件夹下"三明"文件夹进行压缩，压缩文件名为"三明.rar"，并保存到"xysp08\47"文件夹中。

22. 网络应用

在 Internet Explorer 浏览器中进行如下设置：

（1）临时文件缓存占用磁盘空间为 500 MB；

（2）在收藏夹中创建文件夹"搜索引擎"，并将网址"http://www.baidu.com"添加到"搜索引擎"文件夹中。

23. WPS Office 2019 之文字的应用

打开"xysp08\88"文件夹中的文档"wz08.doc"，进行以下操作并保存（操作结果可参考"xysp08\88\样张.png"）。

（1）设置页面纸张大小为 16 开，页边距的上、下、左、右均为 2.5 厘米；

（2）将正文的第 1 段设置为悬挂缩进 2 个字符，行距为 1.75 倍行距；

（3）将其余各段首行缩进 2 字符，行距固定值为 18 磅；

（4）给正文第 1 段文字添加着重号；

（5）将正文的第二段分成等宽的 2 栏，并添加分隔线；

(6) 设置正文最后一段底纹为浅绿色,双实线边框,均应用于段落;
(7) 在文档末尾插入图片"xysp08\88\aoyun.jpg"(图片位置参考样张),设置图片的文字环绕方式为"紧密型",图片大小缩小为原图的50%;
(8) 操作完成后直接保存,并关闭 WPS 程序。

24. WPS Office 2019 之表格的应用

打开"xysp08\56"文件夹中的文档"table08.xlsx",进行以下操作并保存(操作结果参考"xysp08\56\样张.png")。

(1) 将第1行至12行的行高设为25,在单元格 A13 输入"最早发车时间"(引号不用输),并设置该单元格格式为"自动换行";
(2) 将单元格区域 A1:D1 合并居中,字体设为楷体,字号设为 16,加双底框线,对齐方式为"垂直居中";
(3) 在单元格 B13 用函数计算出最早发车时间;在单元格 D3:D12 用公式计算出"行车时长"(行车时长＝到站时间－发车时间),并设置单元格格式中数字分类为"时间",类型如"16 时 22 分";
(4) 单元格区域 A2:D12 按"行车时长"为主要关键字升序排序;
(5) 将单元格区域 B3:B12 用条件格式方式标记 12:00 前发车时间,规则为"突出显示单元格规则",格式为"浅红填充色深红色文本";
(6) 给单元格区域 A2:D13 套用表格样式"中色系/表样式中等深浅 11"(样式列表中第 3 行 3 列);
(7) 复制当前工作,并将复制后的工作移至最后;
(8) 操作完成后直接保存,并关闭 WPS。

25. WPS Office 2019 之演示的应用

打开"xysp08\61"文件夹下的文件"演示文稿 08.pptx",进行以下操作后并保存。

(1) 在第一张幻灯片的标题中键入"水帘峡",并设置为:黄色、倾斜、72 磅;
(2) 将第二张幻灯片中的文本框填充为黄色;
(3) 将第三张幻灯片中图片的动画效果设置为:进入动画"擦除"、方向为"自顶部","单击时"开始;
(4) 将幻灯片的切换效果设置成"向右推出",应用于全部幻灯片;
(5) 操作完成后直接保存,并关闭 WPS。

26. 电子邮箱

注册邮箱:打开 163 邮箱网站,进行以下操作:
(1) 注册一个 163 电子邮箱,注册账号:ks202205,注册密码:xysp123。
(2) 注册完后用注册的账号和密码登录 163 邮箱。并给李美丽(limeili@163.com)发送一封邮件,邮件主题:"志愿者",邮件内容:"世中运招募志愿者"。

27. Python 程序填空

用 Python 编辑器打开"xysp08\72"文件夹中的"ks2.py"文件。该文件程序实现的功能是:从键盘输入一个整数,判断其是否为 3 的倍数,并输出判断结果。进行以下操作并保存。
(1) 在指定位置修改完善程序代码,请不要删除⟨1⟩和⟨2⟩以外的任何代码;
(2) 编写完成后保存文件,并关闭 Python 编辑器。

28. Python 程序填空

用 Python 编辑器打开"xysp08\29"文件夹中的"ksl.py"文件。该文件程序实现的功能是:输入两个不为零的整数 a、b,判断 a、b 的大小,如果 a 不小于 b,则输出 a%b 的值,否则输出 b%a 的值。进行以下操作并保存。

(1) 在指定位置修改完善程序代码,请不要删除⟨h⟩以外的任何代码;

(2) 编写完成后保存文件,并关闭 Python 编辑器。

29. 打字题

尼斯湖水怪是地球上最神秘也是最吸引人的未知生物之一。早在 1500 多年前,英国就开始流传尼斯湖中藏有巨大怪物时常出来吞食人畜的故事。古代一些人甚至宣称曾经目击过这种怪兽,把它形容的活灵活现。

综合模拟测验(九)

一、单选题(20道20分)

1. 物联网的全球发展形势可能提前推动人类进入"智能时代",也称( )。
   A．计算时代　　　　B．信息时代　　　　C．互联时代　　　　D．物联时代

2. 办公自动化(OA)是计算机的一项应用,按计算机应用的分类,它属于( )。
   A．科学计算　　　　B．信息处理　　　　C．实时控制　　　　D．辅助设计

3. 以下属于搜索引擎网址的是( )。
   A．http://www.baidu.com　　　　　　　　B．http://mail.qq.com
   C．http://www.taobao.com　　　　　　　D．http://www.tmall.com

4. 以下属于信息社会的基本特征的有( )。
   ① 网络社会　　② 信息经济　　③ 数字生活　　④ 在线政府
   A．①②③　　　　B．②③④　　　　C．①③④　　　　D．①②③④

5. 在下列设备中,不能作为微机输出设备的是( )。
   A．打印机　　　　B．显示器　　　　C．话筒　　　　D．投影仪

6. 红外报警装置能够收集人眼所见不到的信息,这主要是应用了信息技术中的( )。
   A．传感技术　　　　　　　　　　　　B．虚拟现实技术
   C．微电子技术　　　　　　　　　　　D．生物工程技术

7. 以下不属于移动终端的是( )。
   A．智能手机　　　　　　　　　　　　B．电视机
   C．平板电脑　　　　　　　　　　　　D．笔记本电脑

8. 文字、声音、图像、动画、视频等多种媒体信息的综合应用,使得信息处理的媒体形式更加多样化,人机的交流更加灵活方便。这主要体现信息技术的发展趋势是( )。
   A．多媒体化　　　　B．网络化　　　　C．多元化　　　　D．智能化

9. 关于保护个人隐私,以下做法正确的是( )。
   A．将自己的银行账号出售他人使用
   B．离开计算机时退出已登录的账户
   C．在网站上随意注册留下联系方式
   D．在校园论坛中发布他人隐私信息

10. 物联网的核心和基础仍然是( )。
    A．RFID　　　　B．互联网　　　　C．人工智能　　　　D．计算机技术

11. 以下关于大数据特征的描述中错误的是( )。
    A．数据价值密度低　　　　　　　　　B．数据类型单一
    C．数据体量大　　　　　　　　　　　D．数据产生的速度快

12. 计算机图像可以分为点阵图( )两大类。
    A．矢量图　　　　B．位图　　　　C．立体图　　　　D．直方图

13. 以下不属于恶意攻击行为的是( )。
    A．信息篡改　　　　　　　　　　　　B．搭线监听
    C．截获数据　　　　　　　　　　　　D．丢弃报废设备

14. 军用机器人、水下机器人、娱乐机器人都属于(　　)。
   A. 工业机器人　　　B. 特种机器人　　　C. 服务型机器人　　　D. 类人机器人
15. 将杂志中的插图保存到计算机中,下列可用的数字化采集工具是(　　)。
   A. 扫描仪　　　B. 打印机　　　C. 绘图仪　　　D. 显示器
16. 有人说,"网络一半是天使,一半是魔鬼。"对这句话理解正确的是(　　)。
   A. 网络的作用是有限的,没必要相信网上的东西
   B. 网络上传播的信息都是真实的,都可以使用
   C. 网络危害是不可避免的,应杜绝接触网络
   D. 正确认识网络的两面性,用其所长,避其所短
17. IPV4 的地址共有(　　)个二进制位。
   A. 64　　　B. 48　　　C. 32　　　D. 24
18. 程序的三种结构不包括(　　)。
   A. 顺序结构　　　B. 树型结构　　　C. 分支结构　　　D. 循环结构
19. 下列选项中,不属于 Python 基本数据类型的是(　　)。
   A. str　　　B. int　　　C. float　　　D. char
20. 某订餐 APP 因用于获取用户详细信息的端口未受保护,致使用户个人数据泄露,这种安全风险来自于(　　)。
   A. 自然灾害　　　　　　　　　B. 人为因素
   C. 操作失误　　　　　　　　　D. 系统漏洞

二、操作题(9道题 80分)

21. Windows7 基础操作
(1) 在"xysp09\43"文件夹下创建名为"myname"的文件夹;
(2) 在"xysp09\43\windows\win"文件夹中删除名为"kid.pptx"的文件;
(3) 将"xysp09\43\keep"文件夹中名为"kk.xlsx"的文件重命名为"re.xlsx";
(4) 将"xysp09\43"文件夹下名为"face.xlsx"的文件移动到"xysp09\43\pike"文件夹中;
(5) 将"xysp09\43\deep"文件夹中名为"dep.pptx"的文件复制到"xysp09\43\yuan"文件夹中;
(6) 将"xysp09\43"文件夹下的"pencil"文件夹进行压缩,以文件名"pencil.rar"保存到"xysp09\43"文件夹中。

22. 网络应用
打开 Internet Explorer 浏览器,完成下面的操作:
(1) 访问晋江华侨职业中专学校网站"http://www.jjhqzx.cn",将"概况"→"学校简介"栏目下的文字内容,以"学校简介.txt"为文件名,保存到"xysp09\78"文件夹下;
(2) 退出时删除浏览历史记录。

23. WPS Office 2019 之文字的应用
打开"xysp09\44"文件夹中的文档"wz09.docx",进行以下操作并保存(操作结果可参考"xysp09\44\样张.png")。
(1) 标题文字的突出显示颜色为"黄色";
(2) 给正文第一段文字添加红色下划线,线型为波浪线;

(3) 利用格式刷将正文第一段的格式复制到第 3、5 段；

(4) 将正文第 4 段分为等宽的两栏，栏间距为 1.5 字符，栏间添加分隔线；

(5) 在第二段的下面插入图片"xysp09\44\pic.jpg"，锁定纵横比，图片高度设置为 4 厘米，环绕方式为"上下型环绕"；

(6) 在文稿最后插入一个 4 行 5 列的表格，并将表格第一列合并；

(7) 在"页脚中间"插入页码，页码样式为"i、ii、iii、……"，起始页为"1"；

(8) 操作完成后直接保存，并关闭 WPS 程序。

24. WPS Office 2019 之表格的应用

打开"xysp09\58"文件夹中的文件"table09.xlsx"，进行以下操作并保存（操作结果参考"xysp09\58\样张.png"）。

(1) 将单元格区域 A1:F1 合并后居中，并套用单元格样式中的"标题 1"；

(2) 在单元格区域 A4:A14 中完成"编号"的自动填充；

(3) 计算出每个品种的总计（元），（总计＝进货产量＊进货价格）；

(4) 利用函数法统计最大进货量和进货价格，结果分别存放在 D15、E15 单元格中；

(5) 将单元格区域 F3:F14 的数字分类设为货币，小数位 1 位，货币符号为"￥"；

(6) 给单元格区域 F3:F14 添加条件格式为"数据条"下的"渐变填充"中的"红色数据条"；

(7) 在表格下方插入图表，数据源为"B2:B14"和"F2:F14"，图表类型为"簇状柱形图"，图表标题更改为"进货情况统计图"，并删除图例；

(8) 操作完成后直接保存，并关闭 WPS 应用程序。

25. WPS Office 2019 之演示的应用

打开"xysp09\62"文件夹下的文件"演示文稿 09.pptx"，进行以下操作后并保存。

(1) 第一张幻灯片，标题进入动画效果为"阶梯状"，方向为"右下"，"之后"开始；

(2) 第二张幻灯片，选中"青藏笔记一"文字，创建超链接到"幻灯片 3"；

(3) 第三张幻灯片，插入图片"xysp09\62\pic.png"，不改变图片的大小，位置设置为：相对于左上角，水平 5 厘米、垂直 7 厘米；

(4) 第四张幻灯片，设置幻灯片的切换效果为"垂直线条"，并应用于所有幻灯片；

(5) 操作完成后直接保存，并关闭 WPS 程序。

26. 电子邮箱

使用账号：ks202203，密码：xysp123，登陆 163 网页邮箱，完成下面的操作：

(1) 添加一个联系人，姓名为"李建军"，邮件账户为"lijianjun@sina.com"；

(2) 将收件箱中主题为"合唱"的邮件，转发给"李建军"(lijianjun@sina.com)。

27. Python 程序填空

用 Python 编辑器打开"xysp09\21"文件夹中的"ks2.Py"文件。该文件程序实现的功能是：绘制一个边长为 200 像素的绿色正方形。进行以下操作并保存。

(1) 在指定位置修改完善程序代码，请不要删除〈1〉和〈2〉以外的任何代码；

(2) 编写完成后保存文件，并关闭 Python 编辑器。

28. Python 程序填空

用 Python 编辑器打开"xysp09\28"文件夹中的"ksl.py"文件。该文件程序实现的功能是：从键盘输入一个数，计算并输出其绝对值。进行以下操作并保存。

(1) 在指定位置修改完善程序代码，请不要删除〈i〉以外的任何代码；

(2) 编写完成后保存文件,并关闭 Python 编辑器。

29. 打字题

1912 年 4 月 12 日是个悲惨的日子,这一天,英国豪华客轮泰坦尼克号在驶往北美洲的航行中不幸沉没。这次沉船事件致使 1523 人葬身鱼腹,是人类航海史上最大的灾难,震惊世界。泰坦尼克号的沉没是个不解之谜。

综合模拟测验(十)

一、单选题(20 道 20 分)

1. 以下存储器中属于系统专用的是(　　)。
   A．RAM　　　　　B．硬盘　　　　　C．CD-ROM　　　　D．ROM
2. 在微机系统中,麦克风属于(　　)。
   A．输入设备　　　B．输出设备　　　C．放大设备　　　D．播放设备
3. 以下字符中 ASCII 值最大的一个是(　　)。
   A．'b'　　　　　B．'A'　　　　　C．'9'　　　　　D．空格
4. 红外线测体温门用到物联网中的部件是(　　)。
   A．存储器　　　　B．CPU　　　　　C．电子眼　　　　D．传感器
5. 下列可用于采集图像信息的是(　　)。
   A．电视机　　　　B．绘图仪　　　　C．扫描仪　　　　D．打印机
6. 社会发展至今,人类赖以生存和发展的基础资源有(　　)。
   A．信息、数据、知识　　　　　　　B．物质、能源、信息
   C．工业、农业、服务业　　　　　　D．经济、文化、政治
7. 下列应用了传感技术的设备是(　　)。
   ① 打印机　　② 手写板　　③ 手机触摸屏　　④ 听诊器
   A．①②④　　　B．①②③　　　C．②③④　　　D．①③④
8. 一间教室内的计算机连成的网络属于(　　)。
   A．城域网　　　　B．局域网　　　　C．广域网　　　　D．专用网
9. "人工智能"一词诞生的年份是(　　)。
   A．1956 年　　　B．1942 年　　　C．1960 年　　　D．1950 年
10. 下列活动中不需要使用现代信息技术的是(　　)。
    A．自动驾驶汽车　　　　　　　　B．网上订餐
    C．更换电灯炮　　　　　　　　　D．微信语音通话
11. 计算机硬件系统主要包括存储器、输入设备、输出设备和(　　)。
    A．运算器　　　　B．控制器　　　　C．微处理器　　　D．主机板
12. 打开网页时,浏览器地址栏中的网址一般以"http"开头,其代表的含义是(　　)。
    A．传输控制协议　　　　　　　　B．超文本传输协议
    C．文件传输协议　　　　　　　　D．超文本标记语言
13. 以下关于计算机病毒的说法中不正确的是(　　)。
    A．计算病毒的发作由一定的条件触发
    B．计算机病毒隐藏起来了不容易被发现
    C．计算机病毒是一个程序或一段可执行代码
    D．使用正版的杀毒软件可以查杀所有的计算机病毒
14. 下列属于合法 IP 地址的一项是(　　)。
    A．168.12.150.1　　　　　　　　B．145.42.0
    C．123.32.1.258　　　　　　　　D．142*54*23*123

15. 以下通用域名中表示政府部门的是（   ）。
    A．net   B．org   C．gov   D．edu
16. 监控录像、商品防盗检测等信息系统可以自动获取图像、条码等信息。这主要体现了信息系统的功能是（   ）。
    A．控制功能   B．输入功能   C．处理功能   D．输出功能
17. 以下属于正确的 Python 变量名的是（   ）。
    A．True   B．88abc   C．abc&88   D．_abc88
18. 在 Python 中，能用于输出字符串"Good Morning!"的是（   ）。
    A．input()   B．print()   C．output()   D．write()
19. 以下不属于信息安全措施的一项是（   ）。
    A．数据备份   B．设置访问权限
    C．查看访问者的身份证   D．给系统补丁
20. 为保护网络及个人信息安全，2017 年 6 月 1 日，我国正式颁布了（   ）。
    A．《中华人民共和国密码法》   B．《计算机软件保护条例》
    C．《中华人民共和国网络安全法》   D．《信息安全等级保护管理办法》

二、操作题（9 道题 80 分）

21．Windows7 基础操作

（1）在"xysp10\46"文件夹下创建名为"北京.txt"的文本文件；

（2）在"xysp10\46\star"文件夹中删除名为"深圳.docx"的文件；

（3）将"xysp10\46\Bon"文件夹中名为"桂林.pptx"的文件取消只读属性，改设为隐藏属性；

（4）将"xysp10\46\earth\feet"文件夹中的文件"富建.xlsx"重命名为"福建.xlsx"；

（5）将"xysp10\46"文件夹下名为"南宁.xlsx"的文件移动到"xysp10\46\lion"文件夹中；

（6）将"xysp10\46\liorn"文件夹中名为"成都.pptx"的文件复制到"xysp10\46\cat"文件夹中。

22．网络应用

在 Internet Explorer 浏览器中进行如下设置：

（1）将网址"http://tazx.xmtaedu.cn/"添加到收藏夹，名称为"同安职专"；

（2）设置网页在历史记录中保存 18 天。

23．WPS Office 2019 之文字的应用

打开"xysp10\98"文件夹中的文档"wz10.doc"，进行以下操作并保存（操作结果参考"xysp10\98\样张.png"）。

（1）设置页面的页边距为上、下各 2.5 厘米，左、右各 3.2 厘米；

（2）将文中所有"学生"替换成蓝色的"student"；

（3）将第 1 行标题设为隶书，三号，加粗，居中；

（4）为正文第 1 段设置边框，线型为双波浪线，应用于段落；

（5）为正文第 2、3、4 段添加项目符号"★"；

（6）在文档末尾插入一个 3 行 4 列的表格；

（7）将表格的内、外边框线设为 0.5 磅的双实线，整个表格对齐方式设为居中；

(8) 操作完成后直接保存,并关闭 WPS 程序。

24. WPS Office 2019 之表格的应用

打开"xysp10\55"文件夹下的文档"table10.xlsx",进行以下操作并保存(操作结果可参考"xysp10\55\样张.png")。

(1) 将 A1:H1 单元格合并居中,并将合并后的单元格格式设置为"标题 1";

(2) 设置单元格 A2 的对齐方式为垂直居中,B2 单元格为顶端对齐;

(3) 计算各题的正确率(正确率=答对人数/总人数,总人数使用绝对地址);并设置 H4:H23 区域的数字分类为"百分比",保留一位小数;

(4) 设置 G4:G23 单元格区域的"条件格式"为"数据条/渐变填充/红色数据条";

(5) 设置 A2:H24 单元格区域的外框为双实线,内框线为细单实线,颜色均为绿色;

(6) 给单元格区域 A2:H3 及 A24:H24 填充浅蓝色;

(7) 删除工作表 sheet2;

(8) 操作完成后直接保存,并关闭 WPS 程序。

25. WPS Office 2019 之演示的应用

打开"xysp10\66"文件夹下的文件"演示文稿 10.pptx",进行以下操作后并保存。

(1) 将第一张幻灯片中标题的进入动画效果设置为"扇形展开","之后"开始;

(2) 在第三张幻灯片之后插入一张版式为"本机版式\母版版式"列表中第 1 行 2 列版式的新幻灯片,标题处键入:"图片去背景";正文处插入"xysp10\66"下的图片"pic.png";

(3) 创建第一张幻灯片中右下角的动作按钮的超链接到"下一张幻灯片";

(4) 将幻灯片的切换效果设置成"向下擦除",并应用于所有幻灯片;

(5) 操作完成后直接保存,并关闭 WPS 程序。

26. 电子邮箱

使用账号:abc202206,密码:xk123456,登陆 163 网页邮箱,完成下面的操作:

(1) 接收主题为"文学沙龙"的邮件,将附件以默认文件名,保存到"xysp10\33"文件夹下;

(2) 回复该邮件,主题为"谢谢",内容为"邮件已收到!"。

27. Python 程序填空

用 Python 编辑器打开"xysp10\99"文件夹中的"ks2.py"文件。该文件程序实现的功能是:求 3~33 中所有奇数的和,并输出结果。进行以下操作并保存。

(1) 在指定位置修改完善程序代码,请不要删除〈1〉和〈2〉以外的任何代码;

(2) 编写完成后保存文件,并关闭 Python 编辑器。

28. Python 程序填空

用 Python 编辑器打开"xysp10\39"文件夹中的"ksl.py"文件。该文件程序实现的功能是:输入两个数 a、b 和一个运算符号(+或一),如果运算符号为"+",则输出 a+b 的值,否则输出 a-b 的值。进行以下操作并保存。

(1) 在指定位置修改完善程序代码,请不要删除〈j〉以外的任何代码;

(2) 编写完成后保存文件,并关闭 Python 编辑器。

29. 打字题

共同富裕与三次分配成为热议,三次分配和前两次都不一样,它所依赖的既不是市场也不是政府,而是建立在自愿性的基础上,是社会公益。它主要是对前两种分配的补充,缩小社会差距,实现更合理的收入分配和公平。

参考答案

单项选择题综合训练(一)

1. A 2. B 3. B 4. A 5. D 6. A 7. C 8. B 9. D 10. C 11. D 12. C 13. D
14. A 15. B 16. C 17. C 18. D 19. C 20. B 21. D 22. C 23. A 24. B
25. A 26. C 27. D 28. C 29. B 30. B 31. C 32. C 33. B 34. D 35. A
36. C 37. A 38. A 39. C 40. D 41. B 42. A 43. A 44. D 45. C 46. D
47. C 48. B 49. B 50. A

单项选择题综合训练(二)

1. C 2. A 3. C 4. B 5. B 6. B 7. C 8. C 9. B 10. D 11. D 12. C 13. A
14. D 15. C 16. C 17. B 18. B 19. D 20. C 21. A 22. A 23. B 24. A
25. C 26. C 27. D 28. B 29. B 30. C 31. C 32. A 33. B 34. C 35. B
36. D 37. C 38. B 39. C 40. D 41. B 42. A 43. A 44. D 45. D 46. D
47. A 48. C 49. D 50. C

单项选择题综合训练(三)

1. C 2. A 3. A 4. B 5. C 6. B 7. D 8. D 9. C 10. A 11. B 12. D 13. D
14. C 15. B 16. D 17. D 18. D 19. A 20. C 21. B 22. D 23. A 24. B
25. C 26. A 27. C 28. B 29. D 30. D 31. A 32. B 33. C 34. D 35. D
36. C 37. A 38. C 39. B 40. D 41. B 42. A 43. D 44. B 45. C 46. A
47. B 48. C 49. C 50. A

单项选择题综合训练(四)

1. B 2. D 3. B 4. C 5. B 6. D 7. C 8. C 9. B 10. C 11. B 12. C 13. B
14. B 15. A 16. D 17. D 18. C 19. A 20. A 21. B 22. A 23. D 24. C
25. C 26. D 27. D 28. C 29. B 30. C 31. C 32. D 33. C 34. D 35. A
36. A 37. D 38. C 39. C 40. B 41. A 42. D 43. B 44. B 45. C 46. D
47. C 48. A 49. B 50. B

单项选择题综合训练(五)

1. D 2. B 3. B 4. C 5. C 6. B 7. C 8. D 9. B 10. D 11. B 12. B 13. B
14. D 15. C 16. C 17. B 18. D 19. B 20. C 21. D 22. C 23. D 24. C
25. C 26. D 27. A 28. A 29. D 30. B 31. B 32. B 33. D 34. A 35. C
36. C 37. B 38. D 39. B 40. C 41. D 42. C 43. C 44. A 45. C 46. D
47. D 48. C 49. B 50. C

单项选择题综合训练(六)

1. D 2. B 3. C 4. D 5. D 6. B 7. D 8. D 9. A 10. C 11. C 12. D 13. B
14. C 15. D 16. D 17. C 18. B 19. A 20. D 21. A 22. C 23. C 24. B
25. C 26. B 27. D 28. C 29. D 30. C 31. B 32. D 33. B 34. C 35. B
36. C 37. B 38. A 39. C 40. B 41. B 42. D 43. B 44. C 45. D 46. A
47. D 48. D 49. A 50. D

单项选择题综合训练(七)

1. D 2. B 3. D 4. D 5. C 6. D 7. A 8. B 9. D 10. A 11. A 12. D 13. A
14. C 15. C 16. B 17. C 18. D 19. C 20. B 21. C 22. A 23. D 24. A
25. B 26. A 27. D 28. C 29. D 30. D 31. C 32. B 33. C 34. D 35. A
36. D 37. D 38. B 39. C 40. D 41. B 42. C 43. D 44. A 45. C 46. C
47. B 48. B 49. A 50. D

单项选择题综合训练(八)

1. C 2. D 3. A 4. A 5. B 6. A 7. A 8. B 9. A 10. C 11. D 12. D 13. B
14. D 15. A 16. D 17. D 18. D 19. C 20. B 21. A 22. D 23. C 24. A
25. A 26. B 27. D 28. A 29. C 30. D 31. D 32. A 33. A 34. B 35. D
36. C 37. C 38. C 39. D 40. A 41. D 42. B 43. B 44. A 45. C 46. C
47. B 48. B 49. A 50. D

单项选择题综合训练(九)

1. A 2. A 3. D 4. B 5. C 6. C 7. B 8. B 9. D 10. C 11. C 12. C 13. B
14. B 15. D 16. B 17. D 18. C 19. D 20. B 21. C 22. D 23. C 24. A
25. C 26. D 27. C 28. B 29. B 30. D 31. C 32. D 33. C 34. D 35. B
36. A 37. B 38. D 39. C 40. D 41. C 42. B 43. D 44. D 45. C 46. A
47. D 48. C 49. A 50. D

单项选择题综合训练(十)

1. C 2. B 3. D 4. A 5. D 6. C 7. D 8. D 9. B 10. C 11. C 12. C 13. D
14. A 15. B 16. A 17. D 18. D 19. B 20. C 21. A 22. B 23. D 24. B
25. C 26. D 27. B 28. D 29. C 30. A 31. A 32. D 33. C 34. B 35. D
36. D 37. D 38. C 39. D 40. C 41. A 42. C 43. C 44. B 45. D 46. B
47. B 48. C 49. A 50. A

综合模拟测验(一)

1. D 2. C 3. C 4. D 5. C 6. D 7. B 8. B 9. A 10. C 11. B 12. D 13. A
14. D 15. D 16. C 17. A 18. D 19. C 20. C 27.〈1〉i 〈2〉s 28.〈a〉print

综合模拟测验(二)

1. D 2. C 3. D 4. A 5. B 6. A 7. C 8. B 9. C 10. A 11. C 12. D 13. A 14. A 15. C 16. C 17. C 18. A 19. B 20. A 27. 〈1〉1 〈2〉i 28. 〈b〉a—b

综合模拟测验(三)

1. C 2. D 3. B 4. C 5. A 6. A 7. D 8. B 9. C 10. C 11. A 12. B 13. C 14. A 15. D 16. A 17. A 18. B 19. B 20. A 27. 〈1〉import 〈2〉lt(或 left) 28. 〈c〉avg

综合模拟测验(四)

1. C 2. B 3. C 4. B 5. B 6. D 7. C 8. A 9. D 10. B 11. A 12. C 13. D 14. D 15. A 16. B 17. B 18. C 19. D 20. B 27. 〈1〉1 〈2〉s 28. 〈d〉else

综合模拟测验(五)

1. A 2. C 3. A 4. A 5. D 6. C 7. A 8. C 9. B 10. B 11. C 12. D 13. A 14. D 15. D 16. A 17. D 18. C 19. D 20. B 27. 〈1〉float 〈2〉s 28. 〈e〉100

综合模拟测验(六)

1. B 2. C 3. A 4. B 5. C 6. C 7. B 8. A 9. A 10. B 11. C 12. C 13. B 14. D 15. D 16. C 17. D 18. D 19. A 20. A 27. 〈1〉input 〈2〉a==16 28. 〈f〉import

综合模拟测验(七)

1. A 2. C 3. C 4. A 5. B 6. C 7. A 8. B 9. D 10. C 11. D 12. C 13. B 14. C 15. C 16. C 17. B 18. A 19. B 20. D 27. 〈1〉x>0 〈2〉else 28. 〈g〉print

综合模拟测验(八)

1. D 2. C 3. A 4. B 5. B 6. A 7. D 8. C 9. B 10. A 11. D 12. C 13. D 14. D 15. A 16. B 17. D 18. A 19. C 20. B 27. 〈1〉int 〈2〉x%3==0 28. 〈h〉a>=b(或 b<=a)

综合模拟测验(九)

1. D 2. B 3. A 4. D 5. C 6. A 7. B 8. A 9. B 10. B 11. B 12. A 13. D 14. B 15. A 16. D 17. C 18. B 19. D 20. D 27. 〈1〉import 〈2〉200 28. 〈i〉abs

综合模拟测验(十)

1. D 2. A 3. A 4. D 5. C 6. B 7. C 8. B 9. A 10. C 11. C 12. B 13. C 14. A 15. C 16. B 17. D 18. B 19. C 20. C 27. 〈1〉2 〈2〉i 28. 〈j〉d